奥利弗·格朗让 著

刘磊 冯德炜 译

生活在中国

人民出版社

责任编辑：龚　勋
装帧设计：汪　阳

图书在版编目（CIP）数据

生活在中国／（瑞士）奥利弗·格朗让 著；刘磊，冯德炜译 . —北京：
　人民出版社，2024.5（2024.7 重印）
ISBN 978 - 7 - 01 - 026502 - 5

I.①生…　 II.①奥…②刘…③冯…　 III.①中华文化－通俗读物
　IV.①K203－49

中国国家版本馆 CIP 数据核字（2024）第 078039 号

生活在中国

SHENGHUO ZAI ZHONGGUO

奥利弗·格朗让　著

刘　磊　冯德炜　译

人民出版社 出版发行
（100706　北京市东城区隆福寺街 99 号）

中煤（北京）印务有限公司印刷　新华书店经销

2024 年 5 月第 1 版　2024 年 7 月北京第 2 次印刷
开本：710 毫米 ×1000 毫米 1/16　印张：18.75
字数：260 千字

ISBN 978 - 7 - 01 - 026502 - 5　定价：59.00 元

邮购地址 100706　北京市东城区隆福寺街 99 号
人民东方图书销售中心　电话（010）65250042　65289539

生命的灵药

　　如果你感冒了，我建议你吃片药，喝杯茶，再好好睡一觉；如果你肌肉酸痛，我建议你做个按摩，再敷上一片药膏；而如果你因为生活不顺而感到悲伤难过，那就轮到奥利弗·格朗让（Olivier Grandjean）来大显身手了。奥利弗不是一种药物，而是一位抚慰不安的心灵、助人摆脱忧虑和坏情绪的疗愈师。他似乎从落生就带着快乐的魔法药水，总是能够引领你走进洋溢着欢笑与轻松的海洋。也许是希腊神话赋予了他酒神狄俄尼索斯（Dionysus）的特质，但他并不会像酒神那样肆意妄为，而更像是欢乐女神欧佛洛绪涅（Euphrosynē）之子，总是勇敢地对抗生活中的狂风暴雨。

　　在本书中，奥利弗回顾了他游历中国的岁月，以活泼优雅的笔触将其凝聚到众多有趣的故事和精彩的瞬间之中。这也正是他化繁为简、以小见大的本领，正如他纪录片的片头曲那样，虽然简短，却令所有人都过耳不忘。如果要将奥利弗的讲述比作绘画，也许是一群自由飞舞的萤火虫，也许是乔治·修拉（Georges Seurat）和杰克逊·波洛克（Jackson Pollock）联手描绘的片片繁花，不，更确切地说应该是一幅瓦西里·康定斯基（Wassily Kandinsky）的天才作品，以梦想和音乐作为画框。

　　一章接一章，奥利弗分享着他对中国的热爱——他的探索发现，那些短暂而深刻的相遇都以迅疾的笔触从视觉转为文字，他总是在平凡生活的常态中找出潜藏的乐趣。同样是法瑞双重国籍的文学家布莱斯·桑德拉尔

（Blaise Cendrars）曾经留下了不朽的《西伯利亚大铁路和法国小让娜的散文》，影响了整整一代人，而奥利弗今天则将为我们带来他的《生活在中国》！一页又一页、一章又一章，你会读到一位不知疲倦的英雄的探索与挫折，如同埃尔热（Hergé）笔下的丁丁（Tintin）——我们很容易从奥利弗联想到这位环球旅行家，毕竟当我们在大学徜徉于文学海洋中时，就了解了这部作品的清晰脉络下埋藏的深度。

虽然奥利弗脸上总是洋溢着笑容，但千万不要因此以为他头脑简单。他对旅行的热爱源于一场深埋于心底的悲剧，这场悲剧也许已被消解，但从未被遗忘，他在本书的一开始就告诉了我们一切，让我们更能理解他对冒险的渴望，其实是对一位童年友人永远的怀念，不懈的致敬。他的一生，其实就是一场去往科托努的无尽旅行，一路上带着唯有了解幸福何其脆弱的人才能拥有的热情与幽默。他总是偷偷拭去眼泪，只让世界听到自己的笑声，然后勇敢而果决地踏上征途，就像埃拉·梅拉特（Ella Maillart）或保罗·塞洛克斯（Paul Theroux）那样。诚然，奥利弗是一位大旅行家，但他同时也是一位成功的歌手，位列印度洋音乐遗产名录，在舞台和录音室都光芒四射：东方的城市之间、数以亿计的热情观众、潮水般的粉丝、各种追星族、精心制作的纪录片、热心的团队、孤独的漫步、在各个原始之地留下的足迹、在镜头前呈现的经过加工但无比强烈的真实情感。那些相遇、交流、被克服的语言障碍、乔装打扮、戏剧性的刻意模仿……这一切都是那样美好，因为它们有助于你去抓住感觉——那种强烈的，活在当下的感觉。

各位读者啊，请靠近奥利弗，沉浸到他那些冒险经历之中，你会感到自己那久坐室内一隅的生活方式是多么乏味。你将不带偏见地纵览中国这片土地，了解一切当下的本来面目，没有先入为主的妄断，也不受政治倾向左右。你可能会觉得奥利弗的所见所闻依然不够全面，也可能会觉得他受到了感情的影响。然而，其实你不必怀疑，他敏锐的头脑早已看到了一切，听到了一切。只不过，他与生俱来的快乐天性，他笑看一切的原则，让他只执着于真正最根本的东西，即古老的文化与给定的现实环境和谐相处的存在方式。他称自己为享乐主义者并乐在其中。这是因为，无论他多么清醒，他都会首先享受一切，心无挂碍地享受生活本身，通过永不间断的缤纷旅程，用尽全力去把握生活当中的起起落落。

这是一种既承认和尊重差异，又强调融会与沟通的精神，超越了狭隘的宗派之见。这是奥利弗的理性选择，而非自发的热情使然，他已将此化入了自己日复一日、不假思索地滋养培育的至高美德之中——那就是友谊！

奥利弗，挚友奥利弗，你生命的精华在于给予而非接受，你呼喊着"让我们活着并彼此相爱"，这是位于生活中所有狂风暴雨之上的太阳的智慧！

从罗讷河谷到现在日内瓦的家，再到热带的留尼汪岛，你生活和旅行的轨迹掠过了五大洲；日内瓦湖畔与喀斯特地层、沙漠与冰山、偏远的村庄与繁忙的都市、和睦的家庭与不断的旅行、大胆恣意与人文情怀、粗线条的个性与对细节的关注——一切都在你身上。不过，从里昂的串廊到

前瑞士驻华大使戴尚贤

西藏的白雪，你真正的阳光在于这种友谊特质，它是你走出生命迷宫的阿里阿德涅（Ariadne）之线！

读者们，欢呼吧！呈现在你们面前的是一部美丽的作品，会让你爱上它的作者、故事发生的背景及当中的冒险经历，并让你生出愿望，想要获得同样轻松的感觉。

戴尚贤（Jean-Jacques de Dardel）
前瑞士驻华大使，作家及演说家

致读者

亲爱的读者们：

首先，我要明确指出，这本书并没有受到任何宣传或压力的影响，只是我本人在这个非凡国家的感觉和感想的自由而真诚的反映。当然，我并没有忽视中国在西方的形象有时候是糟糕的，一方面，这与悲惨的历史事实有关，另一方面，也与很容易在世界另一端传播错误信息有关。真相何在？我只能通过我在远东非同寻常的旅行经历来说明，这里的生活与过往的陈词滥调，以及有过实际体验的人都会嗤之以鼻的、先入为主的负面看法相去甚远。这种积极的看法同样适用于世界其他地方，有过相关经历的人们会在各地做出验证。我将尽可能做到客观，只是摆事实，因为我喜欢用事实交流。

我在这里只是讲述我美好的，没有受到任何外界因素控制或影响的个人感受，而正是这激发了我对当前中国及其人民的愿景。我知道自己描述的美好的日常生活可能会让很多人感到惊讶，但我并不是一个戴上有色眼镜的完美主义者，我也知道一些相反的论据的存在，只不过，后者与本书的主题无关。

全书的所有章节并非都按照时间顺序排列。它既不是一本政治小册子，也不是一本旅游指南或者小贴士集，更不是一本无数风景照片或五花八门资料组成的中国百科全书——市面上已经有无数品质参差不齐、版本多样的此类作品了。

我更愿意以一种更具原创性的方式向大家讲述我的印象、我的故事、我的感受，以及我基于这些特殊记忆的遐想——这些记忆覆盖了 18 年的时间，我一直马不停蹄地在中国各地旅行，见证了令人惊叹的发展变化。这段在中国的生活、工作经历使我对这个令人费解的多民族、多文化国度有了广泛的了解，也产生了猝不及防的迷恋。让我带着大家一同进入这段自由的旅程，请跟随我的探索足迹，一起感受中国，认识中国。让我们抛开任何的偏见和政治考虑吧……

欢迎来到中国！

目　录

1. 我是谁？ / 001

2. 疯狂的《城市之间》/ 017

3. 海南岛，冒险开始的地方 / 029

4.《中国印象》的起源 / 041

5. 极地漠河 / 054

6.《奥利弗游中国》/ 060

7. 二锅头和酒文化 / 069

8. 北国明珠哈尔滨 / 073

9. 佛山，李小龙及龙舟 / 080

10. 杭州和传奇的西湖 / 084

11. 昆明马拉松 / 089

12. 定西和马铃薯 / 094

13. 福鼎白茶和霞浦的水上房屋 / 097

14. 红色延安 / 103

15. 魅力之城青岛 / 107

16. 梅州与客家人——满怀希望的迁徙者 / 112

17. 深圳与机器人 / 118

18. 查干湖上的"爱斯基摩人" / 122

19. 中医 / 127

20. 三门峡，从老子到马拉多纳 / 132

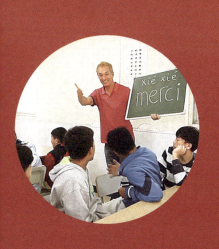

21. 古都西安的警察舞者和历史见证 / 136

22. 儿时梦中的西藏 / 143

23. 南充的丝绸业 / 153

24. 儒家曲阜 / 160

25. 潍坊的风筝 / 163

26. 中国贵宾和日内瓦湖暴风雨 / 168

27. 佤族人和我的小小不幸 / 174

28. 京剧在上海 / 180

29. 兰州的牛肉面和铁桥 / 185

30. 沙漠退去的宁夏 / 190

31. 新疆，中国遥远的西部 / 194

32. 户县农民画和"吼叫歌剧" / 214

33. 秦汉新城 / 221

34. 福州，勇敢的消防员和快乐的老人 / 226

35. 香港的影子 / 231

36. 中国国际电视台与社交网络 / 237

37.《与大使共进晚餐》/ 251

38. 中国的冬季运动 / 260

39. 我的电影角色 / 268

40. 外国人在中国 / 276

41. 电视，中国和我 / 290

1. 我是谁？

　　各位亲爱的读者，我很荣幸大家对本书产生了兴趣，在与大家一同回顾我在中国充满惊喜、邂逅及轶事的光明之旅前，我有必要先介绍一下自己。我投身于这场奇妙的远东冒险，并且在旅程的终点中国获得了拯救生命的成功。一切绝非偶然，而是年复一年，所有值得细细回顾并解读的波折与经历一点一点作用的结果。我拿起笔时最大的愿望无疑是传递希望的力量与无所畏惧的精神，然而在本书中逐渐展开的，其实只是我的生活经历、我的性格，以及我思想的发展的部分记录，只不过它们能够自发地说明并传达一些东西。前进，尝试，质疑，感受，理解，犯错，改进，成长，生活和生命从来都是如此复杂。这其实正是我们与生俱来的，美妙的自然希望，是我们在任何情况下都必须去珍惜、保护和强化的。一切皆有可能，无论今天还是明日，也无论此地还是远方。当然更通常的，还是在远方……时光逝去便不会回头，我们唯有在任何关口前都抛开一切束缚，勇敢而华丽地去生活，尽量不留下任何遗憾。

　　在我 24 岁时，电视进入了我的生活，当时里面都是克里奥尔语节目；我从未想过它后来会成为与我缠绵至今的情人，更不可能想象到它在正常的欲求之外，居然还有着那么贪婪与排他性的一面。我内心隐藏着一个快乐至上的小丑，这才是我会与电视结缘的先决条件和必要条件，这个小丑给了我无尽的激情，让我不管在任何时间和地点都能够以轻松而充满热情

失去你的纯真，却从未发现（20 多岁的奥利弗）

的姿态去生活，让我乐此不疲地去排练喜剧，参加各种舞台表演。好吧，显而易见，哪怕是今天的我，也依然和年轻时一样天真又自命不凡——太多轻易而来的赞美就会让人如此，不过崎岖不平的人生之路也让我逐渐确立对很多事情的正确看法。无论怎样，在众多国家的电视屏幕上，我确实都始终能够像个经多见广的老海盗一样，游刃有余地穿梭于蓝光波影之间……我经历过各种各样的电视节目，也几乎担当过整个节目制作流程当中的每一项工作，不变的是独特而短暂的角色带给我的不可替代的乐趣。

在别人的眼中，我在职业生涯的路口经常会选择踏上不牢靠的、未知的或者有风险的岔路，但我看重的，是这些选择更令人兴奋，或者更新鲜离奇。与寻常路径的典型选择相比，我确实是在自找麻烦，让自己变得不安全，但我清楚地知道，自己选择的路可能更难，可是也更让人陶醉，更有创造性。我有着深深的自知，知道自己对于伟大旅行与独立生存的强烈需求注定了我不可能与很多人一样，在同一个电视台或者传媒机构当中按部就班，忠心耿耿地老实工作，靠着服从性一级一级最终上升到管理岗位——因此，哪怕这样的机会一次又一次地出现在我面前，我也从来不屑一顾。

如果你想要做个英雄，那就跟着我来吧

就这样，我步入了 30 岁，世人说而立之年的男人应该看清楚自己的命运，规划好自己的前路，但是周游世界的想法依然主宰着我。我依然喜欢更多样的生活，而且作为一个享乐主义者，并不认为自己会多长命，一心想的只是把握住仅此一次的机会，好好享受这个难以置信的宝藏——我们的蓝色星球。虽然我只有一辈子的生命，但是我要一次过出一百辈子的生活。我像人类学家一样沉浸到社会的各个层面当中，以一种近乎热恋的方式与各种艺术家接触，去尝试各种不同的轨迹，有时甚至会做一些在商业和社会层面荒唐程度堪比堂吉诃德的事情……当我狂奔的脚步停下时，就会变得谨小慎微，甚至产生幻灭感，而在这样的时候，总是电视在等待着我，给我滋养，让我再度快乐起来。它是我的拯救者、我的指南针，我永恒的乐园。只要认真工作，就能获得如此的轻松和愉悦，这是我弥足珍贵的一方小天地。如果非要说有遗憾的话，可能就是还没有机会在一个法国大型频道上制作和主持一档精彩的综艺节目，这件事如果实现，我肯定会喜不自胜。我有几个日趋成熟的想法至今仍然压在箱底。

如今我常常听到一些脱口而出却言之有理的质疑，比如："可是，为

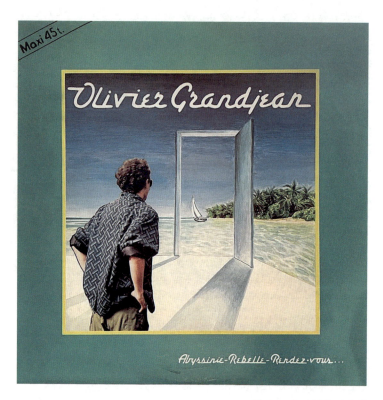

最后一次回到我的海岛，让门一直开着

什么我们在法国看不到你？"又或者是善意的批评："你占据法语电视已经
很久了！"我该如何一一作答？是的，这些话都很有意思，可以写出一大
篇文章，但是我对于法国视听界并没有任何特殊企图，也早已过了计较的
年纪，所以也懒得再说些什么。正因为如此，我很高兴自己可以经常在中
国参加各种各样的活动，比如不断去这里或者那里开会，或者频繁在这样
或者那样的电视节目中亮相，而目前的优先事项是参加戏剧演出，以及出
演一些中国电影，为影视剧配音，到处为大家提供建议……还可以不时来
一场说走就走的旅行，享受与家庭成员一起度过许多或甜蜜或充实的时
光。自由万岁！万幸我仍然活力十足、健康无碍，我要尽情享受这天赐的
福分，继续四处游荡，尽情沉浸于一切尚未感觉餍足的事物——澎湃的激
情、难忘的挑战体验、邂逅的强烈幸福。我们生活在一个金钱万恶的现代
大草原，我要像其他野兽一般，每一刻都决绝前行，只为我部落的幸福，

我生命的涅槃。

当我还是个男孩的时候，生与死、生存或虚无等问题就时时拷问着我天真的灵魂。简而言之，与他人的亲密关系，或者是见证长辈的痛苦和死亡，都会使这种令人沮丧的忧郁袭上心头，直到我偶然间接触到了卡米伊·弗拉马利翁（Camille Flammarion）的一本著作。他是一位杰出的天文学家和热衷于神秘学的作家，在 19 世纪末和 20 世纪初创作了诸多优秀的作品，他的一位弟弟创立了以他的名字命名的书店和出版社，这些企业至今仍蓬勃发展，但这不是我想说的重点。弗拉马利翁，这位不知疲惫的科学家将以其姓氏命名的小行星、月球陨石坑、火星陨石坑、火山湖，以及众多学校和图书馆留给了后人，并因其卓越的创作而获得了所有应有的荣誉。他留给我的最大财富，则是一句简单却透彻的话语，深深刻在我的心底，多年来一直是我和身边人们的神谕之一："行使意志之人方可成为命运的主宰。"面对一些人认为不可战胜的命运，这句话却展现出了强大的力量，高扬起了选择自由的旗帜，既有充满希望的人文主义深度，又有一种微妙而愉悦的无政府主义气息，引领我走向无拘无束的乐观主义。人生充满希望，永不言弃，永不后悔，始终带着乐观的态度轻装上阵。我已经找到了足以令自己迎接未来生活变化无常的指南针。

当然，显而易见的是，与真实的生活相比，我们所希望的总是最简单和最容易的，除非出生在宫殿中，嘴里含着金汤匙。更何况即使是那些在优渥环境中长大的人也难免遭遇各种各样的挫折。只不过，但凡轮船的叶片还在转动，我们就必须牢牢地将船舵握在自己手中。哪怕前方是疾风，是风暴，甚至海啸，再糟糕也都必须去面对，关键是，我不会被它们摧毁。"有时会失败，但永远不会被征服"，这是另外一句美丽的格言，也将是这种情况下的最后一句。或许前面的描述会令真正的老船长们哑然失笑，但是请允许我澄清一点：我没有做过水手，甚至都不是一个海滨居民！重要的是，我不希望这本书的读者将我看作是夸夸其谈者，自命不凡者，或者是不负责任的幻想家，这些做法不符合正道，也完全违背了我深刻而真诚的本性。这里所写的一切都是真实的，是我亲身经历过的，深切感受到的。

我只是一个绝对的自由主义和乐观主义者，坚决拒绝任何外部强加的，试图统治一切的黑暗。我也曾有过伤心的时刻，有时我甚至会痛哭流涕，我承认自己会屈服于一些最残酷的遭遇，屈服于一些内心最深处的挣扎，但同时，诸多和我一样充满着幽默细胞的人会告诉你，热爱搞怪的人背后往往隐藏着极度的感性，但也是这种感性让我们这群人能够像孩子一样快乐地在蹦床上尽情玩耍，甚至带着一种天生的陶醉感，当大脑被快乐占据时，没有什么能阻止我们释放自我。因此，我们选定"轻松"作为自己的装饰，后者就如同一个神奇的救生圈。我们用笑声驱赶恶魔。对于那种企图在所有场合强加给他人的严肃，我们会始终给出不屑的嘲笑。并不是所有人都注定要步入阴郁的成人社会，反抗（多么美妙的词）始终存在，且在诗歌、音乐、舞蹈和戏剧中得到了淋漓尽致的展现。很早以前，我就决定此生只向才华低头，我一直都将是才华的品鉴者、搜寻者和崇拜者。我的父亲是一位画家，追随者都尊称他"亲爱的大师"，虽有溢美之嫌，但就当时的评价而言确实当之无愧。我还有一位梦幻级的母亲，让我崇拜又怀念，她博学多才而富有远见，使我得以在一个远离所有谎言和过于简化的教条，也没有任何虚拟或者现实边界的世界里长大。只不过，虽然有那么多原因促成了我对旅行的强烈渴望，但是有一个特殊的原因依然不能不提，尽管那是一场悲剧，它却永远铭刻在大理石墓碑上面，更永远铭刻在我的记忆之中。

13岁那年，我刚刚步入青春期，却已梦想着踏上遥远的旅途，我和一个同学分享了这种强烈的冒险欲望，可他最终却成为了一个令全世界哀悯的流浪殉道者。他是一个调皮却忧郁的孩子，生活在一个再婚家庭中，似乎从未找到自己的位置。那么，真正属于他的位置应该在哪里呢？毫无疑问，不在这座城市里，甚至不在任何既定的架构中，而只能是在充满诗意的流浪之路上，这比什么都要更吸引他。他确实有诗人的气质，曾经离家出走，去到罗讷河边的乡村，只为从日复一日的无聊生活中解脱出来，感受片刻的自由。我们是知己，常常一同探讨等待我们的美好生活。我们还会一同关注来自非洲的消息，那是 20 世纪 60 年代末、70 年代初，我的一位阿姨住在非洲，我每次向他说起她信里的非洲故事，他都兴致盎然。我写信给阿姨说，我们会梦见她在科托努拥有的马匹，她邮寄给我们的各种充满异国和异教情调的物品让我们兴奋不已，在天真的孩子眼中，这些物品都伴随着各种精彩而奇妙的故事。我们以崇敬的态度去研究据说是热带草原猎人使用的毒箭，而鬣蜥皮或伏都教面具更是让我们惊叹，这些后殖民时代的收藏品也有一部分是来自我的表哥蒂埃里（Thierry），他也住在西非。在同学和老师惊奇的目光下，我时常得意洋洋地将这些物品在班级里传阅，还顺带说一说家书中记载的轶事。对这些最为关注的无疑还是我的年轻朋友。非洲令我们魂牵梦绕。有一天他告诉我，他在《读者文摘》中读到一些东德人躲在飞机起落架里偷渡到了西德，他也可能会在将来尝试一次。和他一样，我也认为这些人的冒险是勇敢而崇高的，然后我们又自然地转向了下一个话题。

然而，我事后才意识到，正是在那一天，残忍的恶魔从暗处伸出手来，投下了我朋友命运的骰子。我永远不会忘记 6 月那个可怕的周日，我的母亲从市场中回来，心烦意乱地将一份报纸递给我，大声询问："让－皮埃尔·维尔斯（Jean-Pierre Viers），他就是你那个来过家里的朋友吗？"头版标题直接冲进我的双眼——《13 岁里昂男孩冒险偷渡酿悲剧——藏身并冻毙于飞往阿比让的 DC8 起落架中》。天塌地陷，我顿时泪流满面。我的朋友永远离去了，同时也彻底带走了我童年的纯真。很长一段时间，我都沉浸在悲伤之中，并被悔恨所折磨，不断责怪自己没有预料到悲剧的发生。

当然，这场疯狂冒险旅程真正的唯一罪魁祸首是对于高空情况和真实危险的全然无知。事实上，他想到了御寒，为此穿上了好几件 T 恤、毛衣、秋裤和外裤。然而，航班在科特迪瓦降落后，前来检查飞机起落架故障的机械师还是惊恐地发现了他冻僵的小小尸体，并根据随身携带的证件确认了他的身份。一张字迹潦草的纸条引起了调查人员的注意……让－皮埃尔写的是"科托努，18 点 30 分"，没有人知道这寥寥数语意味着什么，除了我。我当时就意识到，是自己在不知不觉中给了他最后的目的地，他短暂人生的终点。这个时间其实就是他要转机的时间，他相信自己能如愿以偿。之后很长一段日子里，所有大人都想知道"为什么是科托努"，但是我决定以兄弟般的忠诚保守这个孩子间的秘密，不然我会觉得自己背叛了他，这段神秘的碑文便这样被深深铭刻和隐藏在了我的心底。

几年之后，我已经 20 岁出头，在印度洋疯狂地生活时，终于决定去里昂看望他的父母，心里祈祷着他们仍然住在原来的地方。他们一见面就认出了我，我们相互拥抱，眼里噙满了泪水。我给他们带来了一张我刚刚录制的唱片，上面有一首献给他们儿子的歌曲《反抗者（Rebelle）》，唱片封套的背面就是报纸的影印件——报道了他死讯的那份周日版报纸，我多年来一直保存着。我解释说，我必须将深藏了多年的秘密归还给他们。我告诉了他们一切，"科托努，18 点 30 分"，他父母无时或忘的谜团终于解开了。这时，我们三人再次泣不成声，只不过这次是因为共同的解脱。我们都完成了心理的重建。他们让我从儿子的遗物当中挑选一件作为纪念，我很高兴地发现他们还保留着一条小橡皮蛇，我记得这是我们小时候一起玩过的，他特别喜欢。这条小橡皮蛇成了我的旅伴，我神圣的护身符，在随后数年的多次飞行中从未离开过我的手提箱。

他的父母向我解释了在 1970 年 6 月那个悲剧的日子里发生的一切。小天使死在了地中海上空的云层中，他因为缺氧而逐渐入睡，严寒随后结束了他的生命。据说，这样他就不会受太大的苦，而这也是伤心的人们所能够指望的最好结果了。周六上午，他骑自行车来到布龙机场，仔细查看了所选航班的时刻表，然后翻越围网，进入了停机坪。当时他要搭乘的飞机正停在跑道尽头等待起飞许可，他看准后就迅速冲了过去。让－皮埃尔终于爬上了轮子，进入了起落架舱，然后在起落架收进来时努力将自己的身体弯曲和蜷缩起来。令人难以置信的勇气，非同寻常的冷静，以及在这个年纪上不可思议的自我控制力——这是他成功的时刻，也是他悲剧命运注定的时刻。我曾对自己发誓，一定要抓住我作为公众人物的每一个机会，通过电视、歌曲、书籍或电影讲述他的故事，这样我对他不断地致敬就有可能及时防止类似悲剧的重演——现在就是其中一次。这是因为，我年轻的朋友虽然已经准备好保护自己的身体，但依然被高空无情击败了，而他实际上堪称是这种危险做法的先驱之一，从他之后，这一策略夺走了许多移民的生命——虽然他们不是从欧洲出发而是去往欧洲，但结果一样是让飞机变成了自己的飞行棺材。单单这一点，就决定了这个故事值得被反复提起，不是吗？忠于自己的记忆是应当培养的美德，而中国人便是这种美德的伟大追随者。我也一样。

十几岁的时候，只要情况允许，我就会去进行一次为期几天的旅行，几乎搭便车走遍了整个欧洲，这一切的前提当然是父母同意——尽管他们事实上非常担心，但是我最终通过争论说服了他们，这种争论得来的信任堪称是生命的礼物。毫无疑问，和今天相比，那是一个更加无忧无虑的时代，"花之力"（译注：flower-power，指 20 世纪 60 年代和 70 年代初期西方世界年轻人信奉爱与和平、反对战争的文化取向）散发着一个更美好的乌托邦的气息。父亲总是把我送到里昂附近的高速公路入口，对我而言，这便意味着又一次冒险重新开始了，哪怕这确实会伴随着许多不确定性，可怕的遭遇，有时甚至是实实在在的危险。作为一个无忧无虑的年轻背包客，我的生活充满了发现和经历，在心底，我深深地知道，自己一生都永远不会安定太久。欧洲之后是马格里布，然后是中东。20 岁那年，我在以色列的基布兹短暂停留时，被一位年轻女孩描述的迷人景象所吸引，于是准备途经阿富汗，前往印度进行一次超级搭便车旅行，对当时的我而言，这已经堪称是东方探险的至高圣杯。我母亲听说后满心焦虑，催促我赶快来他们居住的留尼汪岛与家人汇合。可她的话并不管用，我总是执着于自己的选择，哪怕这个选择也常常会因为我的情绪与年轻的自负而摇摆不定。然后……阿富汗战争爆发，我不得不慎重地重新考虑前往潘杰希尔山谷和班达米尔湖的计划，不管这些地方的风景是多么令我心驰神往。再加上我在基布兹努力收集到的大量其他更直接的信息，我最终放弃了这个选择。

那么，为何不去印度洋潜水呢？我已经从书本和口耳相传当中了解到了太多关于那里的精彩故事，既有海盗的传奇，也有自然伊甸园中热带探险的事迹。那里是海盗船长拉·布斯（La Buse）纵横驰骋的水上猎场，是《保尔与维吉妮》（Paul et Virginie）主人公两小无猜的世外桃源，也是法兰西民族英雄、传奇飞行员罗兰·加洛斯（Roland Garros）的诞生之地，我仿佛听到所有这些传奇都在向我说着同一句话："来吧!"这是上天的启示，难以置信的一见钟情，丝毫不容怀疑。短短几个月，我就学会了克里奥尔语，这是一种源于法语的方言。如果你不以克里奥尔语来思考，不生活在说这种语言的环境中，在最真实的自我中与其产生共鸣，那么学习这门语言将是艰难的，就连发音也会变得古怪。幸亏我很快就投入了这种语言的怀抱，或者套用今天的旅游营销用语所说，岛屿向我张开了少女般热情的双臂。你可能会问，为什么行文到现在，还没有中国什么事情。事实是，正是在这里，我接触到了很多华人，他们是移民的后代，他们的先辈沿着穿越整个印度洋的海上丝绸之路西行，终于在这里找到了向往已久的温暖而宁静的生活。他们的故事早已成为了留尼汪神奇历史的一部分，从过去与众不同的浪漫，到现在依然的独一无二。

300多万年前，一座巨大的火山在水下经历了长时间的喷发后，终于从海洋中冒了出来。然后在50万年前，第二座火山出现在它身旁。当第一座因山巅积雪而得名"白雪之峰"（Piton des neiges，中文名内日峰）的火山逐渐安定下来，变成死火山后，第二座名副其实的"熔炉之峰"（Piton de La Fournaise，中文名富尔奈斯火山）又接过了接力棒，因为它年龄相对较轻，依然有每年喷发一次的能力。随着岛屿的轮廓逐渐形成，充满野性的自然便开始释放出光彩，当地潮湿的亚热带气候和充足的阳光也使它变得更加美丽。最初，这里没有任何动物的身影，只有信风一般定期到访的候鸟，它们从非洲带来了各种植物的种子。几个世纪的时间里，这片土地上只有自然的扩张和元素之间的战斗，而从来没有留下过人类的脚印。直到 1512 年的一天，有一位名叫佩德罗·马斯克林（Pedro Mascarenhas）的葡萄牙航海家发现了这里以及附近的所有岛屿。人们将所有岛屿命名为马斯克林群岛，这个名称至今仍在使用。留尼汪岛在群岛中面积最大。不过，之后这里仍然无人居住，只有荷兰和英国航海家曾经停靠过，再后来法国声称拥有该岛屿，并在 1642 年正式占领了它。

事实上，还要等到 1646 年，当地不可思议的人类探险史才真正拉开了序幕。马达加斯加发生兵变后，有 12 名水手被认定为犯下了叛逆大罪，因此被流放到了这片蛮荒之地。人们本来以为他们是就此坠入了人间炼狱，但事实却恰好相反，几年后，一艘法国船只经过那里时，发现这些水手身体状况良好，正享受着岛屿上的新生活，并对这座物资丰富的伊甸园赞不绝口。这片处女之地的殖民历史也就此展开。这座岛屿最初为致敬王室而被命名为波旁（Bourbon），在法国大革命期间贴切地更名为留尼汪（La Réunion，法语有会聚之意），之后被英国人短暂占领过几年，然后归还法国，并在第一帝国时期更名为波拿巴（Bonaparte）。1848 年，在可怜的奴隶们在岛上为种植咖啡和甘蔗而遭受了无尽的苦难和虐待之后，此地的奴隶制终于被废除，之后该岛屿就一直被称为留尼汪岛。总而言之，在一个接一个动荡的世纪当中，冒险家、白人殖民者、从布列塔尼港口招募的女人、非洲黑奴、印度商人、马达加斯加人，各种不同背景的人们相继会聚于此，定居于此，生息于此，而且他们当中还有一个群体就是来自中国的移民，勇敢的客家人——关于他们，我将在本书后面的章节给予详细介绍。与此同时，这里也成为一个著名的贼巢，有组织或无组织的，有背景或无背景的，单打独斗或成群结队的，各种来往于印度洋的不同海盗都曾经栖身于此，其中就包括著名的奥利弗·勒瓦瑟尔（Olivier Levasseur），他另外一个更加广为人知的名字，便是前面提到的拉·布斯，他不但曾经在马斯克林群岛活动，而且就被绞死在那里，哪怕在今天，他的名字在当地依然家喻户晓，因为民间盛传，他遗留的神秘宝藏就隐藏在群岛的某处，只是多少年来，寻宝人们始终一无所获。

史诗一般的巨变随着岁月不断流淌到今天，这里成为众多不同人群的共同家园，人种与文化不断混合与交融，形成了一种世俗主义盛行的健康和谐的氛围，就连宗教也是和平与欢乐的大杂烩——基督教堂、印度教寺庙、中国寺庙、犹太教堂、清真寺，大家和谐共存。在这里，没有人能够打着"这里自古以来属于我们"的旗号去讨伐任何其他人。至少据我所知，如此丰富而多元的身份构成之下，留尼汪却消除了任何公开或者隐藏的种族主义。留尼汪，会聚之地，融合之地，和谐之地，真是名副其实！

我决定在这里扎下根来，开始我的新生活。在短暂打过几份摄影和经商的零工之后，我敲开了国家广播电视机构的大门，初生牛犊不怕虎的我第一次面试就被录用了。之后便是一段疯狂的岁月，伴随着天马行空的节目，与各种族当地人、巡演中的歌手和演员精彩邂逅，在马斯克林群岛游历并深入社会各阶层艺术体验，以及在岛屿上度过的娴静时光。我的血液随着玛洛亚（Maloya）和世嘉（Sega，留尼汪两大标志性音乐流派）的节奏在血管中跳动，我俨然已成为一个全能的明星，而我的观众无疑拥有最复杂的种族和文化背景，也无疑是最热情、最可爱的。由我主持的法国海外广播电视台（RFO）节目每天清晨都会唤醒马斯克林群岛，我也乐在其中。我喜欢陪伴他们每天的晨练，也喜欢听到他们由衷高呼："你早，奥利弗！你早，留尼汪！"我依然记得，自己主持的《超级星期三》成为一个超级热门的电视节目，赢得了所有孩子的喜爱。例如，后来我某次偶遇了著名喜剧演员马努·佩埃特（Manu Payet），他就兴奋地告诉我，其实自己曾经是《超级星期三》的小演员之一。

我积极参与公益广告的制作；为满足孩子的需要编导了一些有趣的短剧并在岛上到处拍摄；在一个又一个节日主持各种演出，在舞台上介绍每一位艺术家,并进行自己的喜剧表演;为环岛自行车赛和时装秀活跃气氛;抓住每一个机会在公共场合展现自己的歌声;在狂欢的夜晚走遍岛上所有的夜总会;在电视上主持各类节目,这已经成为任意游戏的天堂……只有躺在潟湖中面对落日长时间地冥想时,我令人心跳失速的生活节奏才终于可以归于平静,这里美好的盐水是我健康的保护者,让我的身体可以再次焕发青春的活力。无穷无尽的享乐,各种媒体和艺术活动,我就这样在印度洋非凡的星空下接受着生命的洗礼,整整十年。可是,我已经开始再次感受到生命的召唤。这种与世隔绝的环境有一个缺陷,就是有时会让你感觉自己是在原地徘徊……无法抑制的渴望又重新注入我那流浪的灵魂,后者无时无刻不期待着新的冒险和未知的世界。

当我向我的家人吐露想要离开留尼汪,去往地球上另外某处开展新征程的愿望时,其中一位满脸严肃地对我说:"你是这里的国王,难道你要为了未知的世界而放弃你的宝座吗?"可是,我的鼻端仿佛已经嗅到了新的气息,与生俱来的本能压倒了我所有潜在的顾虑。才华横溢的诗人兼歌手克洛德·努加罗(Claude Nougaro)在一次印度洋之旅中与我结识,接下来的几年当中,我幸运地成为他的年轻密友,这一次正是他令人信服的言语鼓励了我,帮我下定了最后的决心。有一次,我向他抱怨说,觉得自己像是被流放在圣赫勒拿岛上的拿破仑,他深情地回答道:"亲爱的奥利弗,不,这不是你的最后一次流亡,这个地方是你的厄尔巴岛,不,应该说这是你的弗雷瑞斯(译注:拿破仑 1799 年从埃及潜回法国,在南部的弗雷瑞斯登陆,不久后发动政变,接管最高权力,1814 年战败退位,被流放至地中海的厄尔巴岛,次年初潜回巴黎,建立百日王朝,同年晚些时候再度战败后被流放至南大西洋的圣赫勒拿岛,直至逝世),帝王冒险的起点。我完全理解你渴望探险的心情,抓住属于你的机会,尽情地去生活吧。"几个月后,我告别了留尼汪,用一首歌和一段视频表达了对这座岛屿的美好希冀与永远的热爱。家虽然温暖,但是小男孩总会成长为男子汉,他必须离开,去远方寻找自己的世界。

我飞往法国，希望先征服这个国度，再继续我的全球漫游，我相信这就是自己写定的命运——就像雅克·布雷尔（Jacques Brel）或安托万（Antoine）那样，先登上世间荣誉的巅峰，再潇洒转身去蓝天碧海间追逐信风，优游自在。作为一个会唱会表演的节目主持人，海洋的阳光已经流入我的基因和工作中，这段经历对我产生了明显的影响。是的，我满怀喜悦、纯真与热情，尽管同时依然伴随着一点点心碎，因为我不得不告别留尼汪的生活，让自己的人生翻开神圣的新篇章。时间不断消逝，在沙漏中无情流淌，我别无选择，只有向前。

我飞到了巴黎……可是，要在这里着陆是多么艰难！我面前一片狼藉，没有人期待我的到来。整个国家电视机构的每个人都像坐在遭遇气旋的飞机上一样，双手死死抓住自己的座椅，没有人顾得上看这个年轻人一眼，哪怕这个来自热带、心高气傲的青年正准备彻底撼动这个被大牌们垄断的体系。我陷入了深深的沮丧，这似乎是抑郁症的前兆……派对结束了，宿醉却挥之不去。我的歌曲无人问津，似乎它们只能是属于我身后的留尼汪，想要在大都市中流行只能是痴心妄想。一切都必须推倒重来，我只能在这里从零开始。赚钱糊口变成了第一目标，而歌曲、幻想、灵感，都必须先收到行李箱中。我就这样来到了法语区，被戳穿了"皇帝的新衣"。

我在瑞士获得了第一份工作，首先是在广播电台，然后很快就重归电视演播室。然而，我深刻地感受到一种真正的克里奥尔精神已根植于我的脑海之中，左右着我的态度，而我的随心所欲自然与瑞士人众所周知的克制和谨慎风格形成了鲜明对比。在这方面，我现在还记得有趣的一幕，那是一个冬日，我正走在人行道上，前往日内瓦罗曼德电视台大楼参加一个专业会议，因为天气酷寒，我头戴一顶大帽子，双手塞在厚厚的羊毛手套里，毛衣外面还裹着一件很像是 Emmaüs 慈善商店二手货的厚外套。一个熟人老远就看到了我，但直到近前才认出我来。"我还以为是个非洲人！"他大声惊呼，显然是被我这破破烂烂的衣服吓了一跳。奇妙的是，我将他的形容视为一种无意的赞美，因为很多人都将我视为来自南方的外国移民，我早已适应了。

然后，我开始为面向法语用户的罗曼德电视台拍摄游记；在魁北克与我有趣的同行兼好友马塞尔·贝利沃（Marcel Béliveau）一起录制《惊奇镜头》（Surprise sur prise）；去了比利时、卢森堡和法国；在日内瓦的工作室，甚至在戛纳的舞台上表演；在布拉格或意大利，以及很多我一时想不起来的地方录制《无国界竞赛》（Jeux sans frontières）。我不会忘记，在瑞士著名的蒙特勒金玫瑰电视节期间，我采访了一位在镜头前很害羞，甚至有点口吃的年轻王子，而他现在已成为摩纳哥活力充沛的君主……我还曾在巴黎和其他地方，与当年结识于印度洋的一些可爱的艺术家欣喜重逢，比如"海外艺人王子"乔治·莫斯塔基（Georges Moustaki）、"背包客兄弟"伯纳德·拉维利耶（Bernard Lavilliers），以及其他许多不再在此列举的人们。然而，无论我在珍藏着自己回忆的盒子里如何遴选，其中最为闪光的藏品也只能是去巴黎 Verneuil 街家中拜访天才的赛日·甘斯布（Serge Gainsbourg），与他促膝长谈的经历，这是一种超越了时空的体验。所有这些激情与感动不断积累，帮助我一步步走出混乱和迷惘，重新回到了自己所渴望的生活轨道上。

在日内瓦，公共电视台因为财政收缩，给娱乐节目的预算开始下滑，让我巧妇难为无米之炊。随后，我很自然地变成了一名独立的节目制作人，组织一些成功的法国戏剧到瑞士巡演，承接重大体育赛事或指导艺术活动。这些工作触及到了我的心灵深处，让我再度复苏了。我开始长期旅居摩洛哥，在那里的日子几乎同在瑞士一样多，当时的电视节目播出非常准时，而两期之间的间隔时间也足够长，让我得以过上这种两地生活，大大缓解了对自由感的迫切需求——只要能够时不时回到我的小荧屏上就可以了。我还会参加其他法语电视台的一些节目，比如在环法帆船赛期间，我就曾经为法国电视二台效力，临时充当了快乐的"水上雇佣兵"。

1991 年，我带着自己个人制作的一部纪录片《如火的 60 年代》（Les 60emes flamboyants）去往莫斯科，这是对我而言如同长兄的努加罗的传记，在瑞士阿尔卑斯山拍摄。我受邀参加了一届非常特殊的国际电视节，在伏尔加河上一艘名为"伏特加号"的华丽游船上举行，而几天前"八月政变"刚刚被挫败。"我的向导是美丽的金发姑娘，娜塔莉，娜塔莉，看那红场空空荡荡……"吉尔伯特·贝考（Gilbert Bécaud）的美妙歌声在我脑海中循环播放……我一直很喜欢去见证那些正在经历历史演变的国家，在黎巴嫩的大胆停留就是一个很好的例子，稍后我将讲述这个故事。

然后是马达加斯加、塞浦路斯、泰国、北欧和南欧的若干地方、斯里兰卡、马来西亚、白俄罗斯、马格里布地区、加拿大、土耳其、澳大利亚、巴西和加勒比海地区，以及在各种机缘巧合下抵达的其他地方……这些旅程常常都并不孤独，有时是在这个或者那个国家的纪录片里出镜，有时是快乐的官方授权记录者，有时是组织家庭探险的自豪父亲。我时刻都被自己最根本的梦想推动着：我是一个小男孩，我想看到世界与我一起成长；我相信我的成长还没有结束！只要我的心没有停歇，我心中的旋转木马就将永远转动……

在上述这些旅程的终点，就是传说中的中国，正以其令人惊叹的深远和浩瀚在等待着我，而当时的我尚不知道，我们会疯狂地相爱……

2. 疯狂的《城市之间》

现在给大家讲讲《城市之间》的故事。这档著名的法国电视节目诞生于 20 世纪 60 年代，在世界各地收获了无数狂热的粉丝。这档节目在中国的录制过程深刻地影响了我的生活，并使得我在中国的深度探索旅行成为

中国，我来了

奥利弗担任仲裁者

可能。现在，中国已经成为我和家人们的第二故乡，而一切其实都是源于这个节目。

为了更好地了解这个节目，我们首先必须打破所有的思维禁锢。这是一档充满趣味的滑稽比赛，代表自己城市或者国家的年轻运动员们组成队伍，彼此竞争。他们经常穿着动物服饰在竞技场地接受种种考验，争取达到自己的目标和阻止对方，比如在满是肥皂泡的倾斜地面上滑行，在危险的转盘上跳跃，或在最后一关攀登堪称地狱难度的"冠军墙"。沿着陡峭的滑道，选手们一个个狼狈落水，观众的笑声如海啸般爆发。这些难忘的场面和新颖的概念受到了世界各地观众的欢迎。

该档节目的国际版诞生于1999年，我是主要主持人之一。为了庆祝中法外交关系建立35周年以及中法互办文化年，两位制片人——伊夫·劳诺伊（Yves Launoy）和辛少英分别向法国电视一台和中国中央电视台提议制作一期巴黎—北京的特别节目，拍摄地为著名的文森城堡，并

成为中国主流杂志的封面人物

在周六晚间现场直播。法国制片方应中方要求寻找一位第三方的职业电视人，因为拥有法国瑞士双重国籍，我幸运中选。在日内瓦的家中收到这份紧急邀请时，我毫不犹豫地接受了，而此时到节目开始制作仅剩两周时间。我次日一早从日内瓦直飞巴黎，当晚便穿上了主持裁判的搞怪服装。那时我还没想到我将一直主持这档节目，我的命运也将由此改变。这期独一无二的中法特辑之后，《城市之间》一度停播了好几年，毕竟节目已经延续了四十多年，法国观众早已"审美疲劳"了。不过，节目很快又获得了重生，这在很大程度上要归功于中国观众成了新的最大受众群。

2004 年，法国制片方谨慎地重启了该节目的经典版，2005 年又决定创建国际版，由各国电视机构联合制作，轮流在各国拍摄外景，中国、俄罗斯、法国、乌克兰等国都参与进来。由于我几年前风格独特的表演赢得了中国观众的一致好评，我被中央电视台正式邀请担当裁判。实话实说，法国制片方一开始并不接受我夸张的——或许在他们看来有些过于戏剧化的表现，但是在我对节目变得越来越不可或缺的过程当中，我最终还是一点点地迫使他们接受了我的主持风格——我一会儿十分严肃，一会儿又无比疯狂，彻底颠覆了裁判在人们心中的刻板形象，而我自己后来才意识

热情的人们

到，自己的演绎又与中国传统戏剧当中的丑角表演不谋而合。我会选择这样的风格，是因为我感到亚洲观众与欧洲观众有所不同，也可能是因为新鲜感的缘故，亚洲观众对节目会更有热情，投入度更高。总之，我获得了巨大的成功。节目几乎每周都有播放或者重播，每期平均有 2 亿观众。节目拍摄全年都紧锣密鼓，从阿姆内维尔到圣马克西姆，当然更经常还是在巴黎，然后开始走向海外……先是我永恒的心爱之地留尼汪岛，随后是吉隆坡，布达佩斯，最终在中国扎下了根！海口、苏州、哈尔滨……这些城市每年接待着中国四面八方积极参与的团队，不断举行着系列国际比赛，上演着无可比拟的中华版电视大狂欢。这种局面持续了 10 年，直至 2016 年考虑改版而暂停。遗憾的是，中央电视台正准备重启该节目时，因新冠疫情，计划被迫搁浅。

不过，在《城市之间》的历史上，遭遇病毒的侵袭已经不是第一次了……2006 年 2 月，俄罗斯、中国、乌克兰和法国代表队在留尼汪岛录制国际版时，就受到了蚊虫传播的基孔肯雅病毒的侵扰。当时，录制节目前，每位选手、节目组成员和当地工作人员都会从头到脚喷洒多种杀虫喷剂，舞台上到处散发着喷剂的刺鼻味道。也许是因为斯拉夫人的皮肤更敏

"可怕"的冠军墙

感的缘故，来自乌克兰和俄罗斯的选手们尤其难以忍受药物的刺激，可能他们至今记忆犹新。但是，没有一个人屈服于可怕的病毒，以及刺鼻的药水，我们最终战胜了困难！

　　为了等待当地的最新消息以确定是否安全，中国代表队未能在第一期节目开始录制前赶到，他们的日程被迫延后两天。麻烦在于，其他国家代表队的日程却无法改变，这该如何是好？在拍摄现场，我想到了可以耍一个"小把戏"来解决眼前的危机。留尼汪岛因其美丽的自然风光闻名于世，同时也是世界上数一数二的多文化混合地，有着来自世界各地的丰富的移民，也不乏华裔居民，因而制片方本以为在中国选手最终到达之前，并不难找到同样英俊、年轻和勇敢的当地华裔，先期拍摄一些镜头"鱼目混珠"。然而，我很快就发现，自己还是想得太简单了……

　　那天晚上，站在摄像机前的是一位看上去很和气的当地华裔青年，我用仅知的几个中文单词对他含糊不清地表达着，并期待这位假中国选手能够自然而然地回答。然而，他却是目瞪口呆……他的样子有多困惑，我心里就有多惊讶，好在这时传来了现场导演"光线不好，不拍了"的声音，给我们俩解了围。这位青年顿时如释重负，笑着对我说："我根本不会说中文！我什么都听不懂。"我突然间意识到，原来自己才是现场中文最好

我的超级珍宝们

的一个。这些华裔虽然有着黄色的面孔，但已经在当地繁衍生息了一代又一代，基本上都从未踏上过中国的土地。虽然他们现在依然受到中国崇高文化的滋养，并对其心怀敬意，但是，说实话，中国离他们似乎还是有点远。好在，世界经济新秩序的推动下，学习汉语的潮流正在全球兴起，甚至进入了高等学府，也许有一天，我们将不必再面对这样的尴尬……

《城市之间》常常需要进行外景拍摄，因此自然经常受到天气的影响。不过这也让疯狂的节目拥有了更多额外的惊奇体验！在中国北方的哈尔滨，12集节目的决赛总是于凌晨2点在年度国际冰雪节的冰墙外进行，这里足有 -35℃！尽管我们都异常专心，但结冰的眉毛与坠入极点的气温计图像依然让我们忍不住哄堂大笑。在冰天雪地中，这些有趣的瞬间不仅温暖了我们的身体，也温暖了我们的灵魂。

在法国北部的阿姆内维尔，决赛那天24小时不间断地下雨，但是参赛团队第二天就要返回各自的国家了，我们不得不在倾盆大雨中拍摄，所有人都淋成了落汤鸡。始料未及的是，这却成就了节目史上最美丽的外景之一。在现场耀眼的灯光下，地面上的积水波光粼粼，五颜六色，一位美丽的俄罗斯女歌手身着华丽耀眼的盛装，在冰冷的雨水中献上她最受欢迎的金曲——不知道这次极端的经历是会让女明星对音乐更加热爱，还是会让她永远厌恶室外的舞台，但无论如何，伫立在暴风雨中的她是多么美丽啊！

还是在留尼汪岛，我们在进行最后一次录制时，热带气旋已经近在咫尺，比赛时已经可以清楚地感受到阵风的强烈冲击，好在我们还是有条不紊地完成了工作。第二天大家要离岛时，极端的气候更是让所有人紧张不已。不过我自己，作为一个与留尼汪岛有着特殊感情的人，却决定留下来多待 8 天，体验与大自然的特殊交流。虽然风雨交加之下，我也清楚地知道危险的临近，但是我无法拒绝视觉、情感和感官的丰厚回报。当时，我甚至在心底里暗暗希望火山喷发就此将我吞噬，让我就停留在这幸福和兴奋的瞬间……

《城市之间》国际版拍摄完成后，各国制片方都按照他们的需求进行剪辑，使用他们自己的主持人来制作各自的最终播出版本。中国主持人甄诚刚开始时对自己的服装和角色设定感觉有些困惑，因为他早已习惯了中

奥雷利恩和朋友们

最强者才能胜出

国中央电视台新闻或者纪录片的正式风格。我非常荣幸能够为他提供一些建议，帮助他走出了困惑，甚至可以在我完全同意的情况下对我发起"挑战"。现在，靠着强大的自信，他已经成了一名真正优秀的娱乐节目主持人，既像个快乐外向的运动达人，又像个时尚偶像，受到了电视台和评论家们的赞扬。正如他一直向别人强调的那样，我永远是他的"导师"，更是他的朋友。能够帮助他茁壮成长，远离任何不应该的嫉妒和低水准的不当竞争，让我深感满足。

至于我自己，则是串起所有版本、所有语言的红线，是共同的主持不可或缺的因素。我总是从一个环节到另一个环节，用每个国家语言的基本词汇对比赛进行干预，经常逗得大家开怀大笑，但是在我最重视的仲裁工作中，我又是极度认真的。在这些疯狂的镜头中，我经常会发现自己的肾上腺素一路狂飙，这时我就会提醒自己必须管理不断交替的愤怒与狂喜的情绪，努力集中精力投入工作……我经常听人说，我在这些节目当中所扮演的角色，其"精神分裂"程度在整个法国，乃至全世界的电视史上都是无与伦比的。自从这个节目20世纪60年代诞生以来，我作为裁判和主持人已经出场了近200次，成为无可争议的纪录保持者。这是一份让我非常自豪的工作，但也是一份让我必须面对巨大压力、筋疲力尽的工作……尤其是，这些节目都要在参赛各国最重要频道的周末黄金时段播放，每集都受到当地电视观众的热切期待。

俄罗斯制片方选择了各种不同身份的明星人物组成他们的参赛团队，奥运冠军、当红歌手、著名影星、意见领袖、新闻主持人、商界巨子、顶级舞者、杂技演员，无所不有。有一天，我甚至还在人群中看到了当时的俄罗斯前自民党主席弗拉基米尔·日里诺夫斯基（Vladimir Zhirinovsky，2022 年 4 月 6 日去世），他身着国旗配色的运动服，带着征服者的微笑，自豪地同自己的主队在一起。我立即认出了他，并立即再次向法国制片方强调了他的存在——法国制片方并不认识这位特殊人物，而对于这样一个电视节目而言，他的亮相是不合适的。日里诺夫斯基说得一口流利的法语，显然很高兴我认出他来，对我也非常友好。也许，他也是我的粉丝之一……我们是不会选择粉丝的，对吧？事实就是，我终极裁判的角色让我赢得了尊重。我虽然表情始终非常愉快和随意，但是执法如山，说一不二——不过，有时候我也会不乏人情味，给最友好的队伍偷偷帮上一点小忙。关键在于，我从不屈服于任何方面的压力，一直强调自己来自瑞士的中立身份，用我的方式去管理一切。有时，我也不得不顶着各种压力去严肃干预，运用我的权威提醒大家，一切都是一场电视娱乐，不必过分执着。因此，无论是已故的日里诺夫斯基，还是其他曾经来到这个舞台上的名人和选手，任何过分的或动摇原则的暗示，我都视若无睹，我必须保卫自顾拜旦（Pierre de Coubertin）以来全体裁判的声誉。这样的行事风格也让我得到了更多的认可和接受。

似乎是为了验证这一点，在俄罗斯录制节目时，制片方给我来了一次"突然袭击"。一天，在隐藏的摄像机前，突然出现了两个粗鲁的人，他们径直向我走来，甩给我一叠钞票，用带着浓厚斯拉夫口音的法语要求我为他们一个小时后将出场的主队行个方便。他们直勾勾地盯着我，眼神中满是威胁，但我并没有屈服，相反，他们这种可恶的行为让我越发反感。带

赢家诞生的瞬间

众星捧月

永远年轻

着愤怒和震惊，我强烈要求正好路过的制片人劳诺伊把他们立即驱逐出录制场所，否则我就离开。让我大吃一惊的是，制片人只是简短地回答了一句"你自己搞定，我没有时间"，随后就走了。我当时陷入了震惊之中，根本想不到他也是这一安排的"同谋"。看到我几乎要发狂的样子，两位恶作剧演员才把隐藏的摄像机指给我看，一瞬间，我们一同哈哈大笑起来，制片团队也鼓起掌来——他们在远处其实一直看着这边，欣赏着让他们忍俊不禁的"好戏"。在这一刻，我最终赢得了廉洁的奖章，让我可以更加自由地行事，并得到大家的尊重。

在每次录制进程最后的疯狂的夜晚，我们都会一起庆祝这档奇妙的、糅合了体育、娱乐、文化交流和隐形外交的综合节目。这些庆祝活动还证明，其实庆祝本身的意义就是一种超越国界、超越不同文化和社会环境的共同美德……作为一个关心地缘政治的人，我总是觉得这些全新的游戏节目其实早已超越简单的游戏，而是细致描绘出了一些国家与另一些国家的复杂关系。不过，无论如何，在我的心中，一些不可触犯的核心规则一直很明确：我们需要超越过去的不和、现在的紧张以及未来的不确定性，来展现全世界年轻人的风貌。我需要掌控这些跨种族、民族和国家相会的整体局面，消除某些人的敌对与紧张，帮助他们建立起友爱的情谊，尽可能限制他们发生因为过度的国家尊严而导致的不当言论和动作。是的，现实一直都在提醒我们，在这些全世界年轻人欢快的会面背后，恐怕也隐藏着过去或未来的深深裂痕……遗憾的是，这一点正在被我们眼前的新闻证明。我忍不住怀着深深的悲痛想起一些年轻的乌克兰或者俄罗斯选手，他们可能已经在一场破坏性战事中丧生，哪怕以前我们还曾经一起参与这档节目，这个与任何大型国际体育赛事一样的开放和分享的绝佳例证。如果我们能融入《城市之间》倡导的喜悦、平等和激情，我们就会触摸到所有善良人类对美好未来的共同信仰，也是全世界理所当然的共同目标——友爱与幸福。我确信，正是这强烈的情感激励了这独特而疯狂的娱乐竞技节目的绝大多数参与者和工作人员。

这就是非同寻常的国际版《城市之间》。

3. 海南岛，冒险开始的地方

　　海南岛因 21 世纪初连续举办著名的"世界小姐"选美大赛而进入了多数西方人的视野，但是海南值得人们了解的地方其实远不止于此。还有它实质上已经成为中国复兴进程缩影的历史，丰富的物产，以及其他各种得天独厚之处。简单说来，虽然从自然角度看，海南堪称是一片获得了上天垂青的土地，农业、渔业和矿业发展的温床，但是这颗距离大陆不远的

《城市之间》来到海南

海洋明珠的命运从未与本土分离开来——这在很大程度上也与该地区在南中国海的重要战略位置息息相关，最近的几百年间，这里的历史同样写满了帝国主义、西方殖民、战争与革命的篇章，这里同样经历了与本土一样的激荡。直至中华人民共和国建立之后，海南才迎来了平静的岁月，后来还成为了一个独立的省份。

在相当长的时间内，海南都主要是以农业和小规模工业为主要产业，经济很不发达。在古久的年代，这里曾经是中央王朝流放各种破坏分子或罪犯的不毛之地，朝廷对这里的发展自然是漠不关心，再加上盛夏季节经常为祸一时的热带气旋，似乎它怎么看都不像是个经济上可以大有作为的地方。事实上，直至上世纪末独立建省的时候，这里依然经济发展迟缓，社会缺乏活力。

然而，二十多年前，这里突然开始发生翻天覆地的变化。中国经济飞速增长的势头辐射全国，各地区开始重新审视发展战略，整合各类资源，凝聚活力，创造投资机会，更新基础设施——建设，建设，还是建设……

工地来了新指挥

海南也不甘示弱，房地产、大型工业、现代农业，尤其是旅游等领域以惊人的速度发展起来。必须强调的是，中国人非常喜欢在国内旅游，以探索本国厚重的历史、文化和自然奇观。随着普通民众生活水平的显著提高，国内旅游业呈爆发式增长，而境内游已一跃成为占人口大多数的中产阶层最热衷的活动之一。

三亚梦幻的海滩，敞开怀抱的大海，宜人的热带气候，滋味丰富的美食，共同打造出了一方海滨的世外桃源……拥有如此丰厚"本钱"的海南瞬间收获众多投资者的垂青，他们迅速采取行动将其改造为一个面向大众，或者说相对富裕人群的旅游天堂。一时间，商务大厦、豪华酒店、现代住宅和各种配套设施都平地而起，促进了海南经济蓬勃发展，拉高了就业率。这是区域更新的典范，也是发展初期的奇迹。海南成为国际市场上的旅游胜地——"中国夏威夷"。除了人头攒动、热闹非凡的海滩外，这个岛屿的其他地方其实也不乏魅力十足之处：散布在大城市之间的村庄，散发着神秘魅力的寺庙，在一望无际的稻田中辛勤耕耘的村民，遵循古老习俗捕鱼的渔夫，种植着在西方不为人知的热带水果的农夫，以及当落日低悬、夕阳将地平线点燃时，指引着牛群归来的牧牛人。在此般壮丽的

在工作中获得欢乐

美景前，不必是专业的摄影师，任何拥有浪漫灵魂的人都会为之深深着迷……在这里，还有使用木材、宝石甚至椰子制作艺术作品的手艺人，他们的作品深受当地人的喜爱。

我在岛上的日子真可谓是大开眼界，应接不暇，现在回忆起来还会有如此众多的图像如幻灯一般闪过。我的儿子奥雷利恩（Aurélien）当时还只是个蹒跚学步的孩子，我们在小路上漫步时，他突然经过了深思熟虑似的，骄傲地宣布："我想长大后做个卖椰子的！"但为什么呢？"天再热我也不会口渴，饿肚子时还可以吃饱。"好吧，亲爱的，哪怕你将来真的找不到更好的工作来养活自己，至少不用担心口渴了……虽说是童言无忌，却以绝妙的方式给成年人上了谦卑的一课，从此后我对椰子商贩的看法也全然不同了。大片的椰林遍布全岛，让我总是能够想到这句天真的宣言，真是有多好笑就有多引人深思。

我与海南的缘分开始于 2006 年，当时中国中央电视台邀请我来到海南，启动《城市之间》的中国版。节目中，来自全国的队伍代表各自的城市参加趣味体育的竞技比赛。为了录制足足 12 集节目，我必须在这里工作两周的时间。我带上了自己的小家庭，包括年轻的妻子赛芙琳（Séverine），还有一双儿女蕾雅（Léa）和奥雷利恩——我现在才知道，孩子们对旅游、中国和表演的热情都始于在海南的逗留，这次经历各个层面都令人惊叹。我们时常在傍晚录制节目以避开酷暑的天气。在数千名兴高采烈的观众面前，在来自北京和其他城市的数十名工作人员中间，在风采各异的艺术家以及面带微笑决心全力以赴的年轻运动员队伍中，孩子们很快自然地成为节目的吉祥物。这是一种纯粹的幸福。

中国节目的一大特色是喜欢穿插各类表演。于是，在两场比赛的间隙，我总是能欣赏到来自不同地区的民间剧团、歌舞家、画家和艺术家竞相宣传当地的文化。不同的民族及其差异构成了中华大地无穷无尽的人文财富，我甚至尚未启程，便已慢慢领略到了这片广袤大地上某些地区的魅力……他们有着独特的面孔，身着自己的传统服饰，表演着属于本民族的音乐和舞蹈，这些都与我所熟悉的北京的一切形成了极为鲜明的对比，这不啻是一个巨大的鼓励，让我意识到在中国各地旅行可以获得如此众多的乐趣和丰富的情感。我感觉到，自己的生活刚刚进入了一个全新的、华丽的章节……

岛屿总是具有一种强大而独特的感召力，会将许多受到同样影响并随后踏上旅途的人连接起来。比如在印度洋，我就获得了一种相伴终生的克里奥尔式情感。热带独有的气味、色彩、灯光，植物、动物、星空，辛辣的美食，潟湖、棕榈树、椰子树，温暖、悠闲又甜蜜的生活，这一切都深深扎根在我心中，渗透至我的骨髓。来到海南，并在这里施展自己在不同国家频道积累的多年经验，让我内心平和，不再纠结。

我记得我们第一次抵达岛屿北部的海口时，入住了一家在几周前刚刚开业的超现代五星级酒店，此时正是圣诞节前夕……为了遵循西方的习俗，用西方的仪式来为身处异国的我们庆祝这个一年一度的节日，十多位漂亮的女服务员在大厅里身着节日服饰迎接着客人，如同"圣诞老人的女儿们"一般迷人。我承认我和我的家人都忍不住笑了出来，我们觉得自己

在"我的小屋"接待游客

仿佛来到了红磨坊或拉丁天堂，而不是传统意义的酒店大堂……但这个画面在日后将被证实其实是传达了一种非常高尚的信息——中国人喜欢尽最大努力去适应，去"与时俱进"，为客人提供他们希望的一切，在酒店业中更是如此……即使有时会显得用力过猛，甚至画蛇添足，但这自始至终都是他们坦诚和慷慨的证明。这也正是我欣赏他们的地方。

第二天，受到这种积极主义的影响，我任由自己屈从于内心危险而真实的自我……在没有任何彩排的情况下，我独自主持节目，在首播中，面对电视机前的无数中国观众，毫无顾忌地唱起了法语童谣《圣诞老人》。快乐是一种能够感染他人的人类美德，甚至能够将人们带入荒诞的冒险之中！我希望蒂诺·罗西（Tino Rossi，《圣诞老人》的演唱者）能够原谅我的异想天开和大胆的尝试，但无论如何，观众都会很高兴地做出满意的回应，激励着我一次又一次地冒险。我本以为自己会在尽情释放自我后感到一丝悔意……然而，并没有。

确实，在录制节目或拍摄影片的时候，我会瞬间从所有忧虑中解放自我，甚至忘记自己的年龄和身体状况，忘记如何保持理智与克制。聚光灯和鼓励的影响实在过于强大，它会瞬间激发一个人的潜在能量，而在灯光关闭的一瞬间，又让他重新跌回现实！这种奇怪的现象同时也左右着戏剧舞台，让你在这些竞技场中如同一个失去理智的角斗士一样，在一个具有奇效的阶段内超越自我。在这段时间内，你能够完全沉浸其中，而无须畏首畏尾。稍后我会给你举一个疯狂却具有说服力的例子。

在中国，一切皆有可能，这里极为美好的氛围，随时会让你愉快地进行即兴创作，而由此经常会带来意想不到的结果……我们一家人以各自的方式探索着这种快乐。当时，人们满怀善意地邀请我的妻子参加第二天在酒店举行的大型圣诞晚会——当晚我将忙于室外的节目拍摄，而她"只需用麦克风简单地说几句英语"，并且"有人会照看好孩子们，他们会快乐得像小王子一般，完全不必担心"。好吧……这样的好意任谁都不会拒绝！

　　第二天，我们带赛芙琳去当地最著名的女装设计师那里挑选了一件华丽的晚礼服，然后给她梳了一个有如公爵夫人的发型，在数个小时的精心化妆后，我的女神成为了闪耀的明星。在平安夜当晚，她充满活力地主持着这个盛大的晚会，在数百位中国人面前，在我们刚刚抵达岛屿后的24小时内，她担任起了即兴司仪的工作。所有人都对这位充满天赋与经验的瑞士著名主持人赞不绝口！事实上，这是她第一次充当这样的角色，一场非比寻常的洗礼……这就是中国，一个永远不会令人感到无趣的地方！我们也喜欢这里的"过度"，因为我们恰恰也是这样的人。

　　大家可能早已听说过那种让小鱼清洁手脚死皮的惊人感官体验，这在当今世界早已司空见惯。在海口，这座刚刚开业的酒店中，我被邀请为一处提供这种服务的会所剪彩，并亲身体验这种独特的感觉。四周一片寂静，仅有闪光灯的声音和大浴缸中的水声，我彻底放松自己的身体……突然，我看到成千上万的小"医用鱼"出现了，成群结队地涌向它们最喜欢的食物所在的每一个角落，几乎布满了我的整个身体。发痒是毋庸置疑的，但是之后的健康更是毋庸置疑的。这就是一个有趣的例子，展示了当代中国人的豪爽精神！

　　然而，生活不仅只有温情和惬意，有时我们也需要承担风险。在一年后，当我回到海口拍摄新一季的《城市之间》时，我依旧满怀热情。抵达的次日，精力充沛的我在同样兴奋的观众面前拍摄了第一场节目……庞大的技术团队和我一样为此次重逢而欣喜不已，冬日里难得的热带气温，比以往任何时候都要刺激的游戏，从中国各地前来参赛的新一批年轻人，只为在全中国面前让他们的家乡闪耀光彩。当一切条件都具备时，这12期的节目更像是一场盛大的节日。当晚，下了一场细雨。不过，被略微淋湿的舞台和看台却无法阻止这场盛大的、广受好评的电视节目录制的开启。我登上舞台，向观众喊话，预热气氛，并在镜头前宣布第一场比赛的开始。随后，我从中央岛屿跳到舞台的地板上，如同一个莽撞的孩子一般任由自己发挥，然而……我刚落地就脚下一滑，我下意识抬起手臂来平衡身体，整个躯干依然不受控制地向左侧倒下了。我痛苦地叫出声来，现场和观众看台一片混乱，拍摄即刻停止。制片人跑了过来，妻子也跑了过来，技术人员在我身边团团转，片场的医生赶紧拨开人群为我诊断。他严重怀疑我的肋骨裂开或折断了，且有胸膜脱离的风险。如果为了这场小闹剧而不得不取消一切安排，那么对节目的后续进行而言绝对是一场灾难，几百人将无所事事，更不用说高昂的预算也要泡汤。我没有替身，因为事先人们向我确认"我们不会替换奥利弗"。医生给我喷了一种凉凉的有止痛作用的药剂，救护车已准备出发。当务之急是我的伤情，节目的问题只能以后再说，或者……我注意到疼痛虽然剧烈，却没有加重，便断然拒绝离开现场。"我们继续，没问题的。我感觉好多了，不用担心。我们必须完成拍摄，我可以的。"我向我的妻子和制片人保证。

我欺骗了自己，也欺骗了他们，说我自己并没有多疼痛。然后我站起身，虽然脑袋仍有些发晕，仍然竖起大拇指向现场观众示意一切顺利。拍摄必须继续！看台上的人群爆发出了热烈的欢呼声。播音员用中文解释了情况，在热情的掌声中，我重归舞台。节目继续，医护人员不断在拍摄和比赛的间隙来观察我的情况和进行临时治疗，一次又一次给我喷药，让我觉得自己是一只怎么都死不掉的蚊子。我不再蹦蹦跳跳，但是确保完成所有的步骤和流程。然后……奇迹发生了！尽管疼痛依旧存在，但我明显感到了它在减轻。一股不可抗拒的气势和醉酒一般的热情在我的心头涌动，不断推动我更好地发挥，我的身体更加放松，我的主持更加专业。我感到自己腾飞在空中……犹如浴火重生的凤凰一般，我自觉立于不败之地。这是一种近乎疯狂的错觉！是的，自那之后，再发生类似的情况时，我就成了人群中的肾上腺素专家——肾上腺素是一种自然分泌的激素，可以控制你的身体，无论你是运动员、演员、冒险家抑或是公认的冲动者，都无法战胜它。这种奇妙的现象却常常伴随着风险，因为它会让你摒弃所有的理智、所有的逻辑……这种由我们身体自然产生的天然药物充满着致命的诱惑，它将你从未知带到蔚蓝的深海中或者不可逾越的高峰。

录制结束后，我又进行了长时间的谢幕（我始终以优雅的方式遵守这一仪式，这是对观众必不可少的尊重），之后终于登上了一辆小型救护车，它在黑夜中载着我全速前进。

我独自一人躺在车厢中，但这个姿势维持不了多久，因为剧烈的疼痛时刻袭来。车外又开始下起了蒙蒙细雨，路面又湿又滑。我坐起身，轻敲司机的车窗，示意他放缓车速，因为疾驰的颠簸折磨着我受伤的肋骨。可惜他并不明白我的手势和语言，一心想要宽慰我的他开始更加疯狂地加速，好像车子下一秒就要爆炸似的。救护车的笛声尖啸着，转向时近乎失控地打滑，车身一度危险地摇摆，随后又继续疯狂冲刺。我感到愈发痛苦，每一次颠簸都刺痛着我的神经。一个可怕的想法突然闪现在我的脑海中：我们要出交通事故了，我可能再也见不到我亲爱的家人了。"这样死去那就太蠢了！"我喃喃自语道，祈祷着这场噩梦的结束。我们终于顺利抵达了海口一家先进医院的急诊室！我立刻被带出救护车，安置在了轮椅上，而一位摄影师不知从哪里冒了出来，开始拍摄急诊医生的对我的接诊。这个场景是如此不真实，我第一次被人要签名，还要和他们合影（必须面露微笑的"光辉而艰难"的时刻），然后我接受检查，结果证实了肋骨上的裂缝，我被反复告知需要"休息、休息、休息！""是的，是的，说再多也没用，我还有十一场节目需要出镜，我发誓一定会完成我的工作，之后再休息吧。"我为自己感到骄傲，没有给自己留下任何退路。

在接受了 3D 扫描（纯粹的技术和美学奇迹），开了一些药之后，我回到了酒店，人们给予了我英雄般的热烈欢迎——一个伤痕累累但幸存下来的英雄，我的小家庭也终于可以放心了。我的制片人兼好朋友辛少英一直在等我，尽管她满怀担忧却没有浪费一秒钟时间，趁我看病的工夫给我找来了一个大包裹，并向我解释说，里面有一种由草药和其他传统中药软膏混合的神奇物质，而我需要做的，是每晚用浸透热水的毛巾将其涂抹到疼痛的区域。只是她当时没有告诉我这东西的气味有多么可怕——简直像是酸腐的烂卷心菜，发酵的野生动物粪便，或者死牛死羊的尸体，不断从我涂药的地方散发出来，让我每晚都无法安睡！可我能做什么呢？除了嫌弃地笑一笑……无论如何，我至今都不知道这种魔药的真正成分。但我没有更好的选择，只能遵守着这个对我而言非常有益的仪式。12 天后，为我复诊的北京医生对这个神奇而不同寻常的疗法赞不绝口。

事故发生后的第二天，一如此后的若干个傍晚一样，我拖着疲惫不堪的身体赶去了录制现场。我被持续不断的疼痛折磨得无法入眠，只有坐在酒店套房的扶手椅上才能小睡片刻。然后……魔法再次降临！当我与观众、参赛选手和技术人员交流时，我的肾上腺素再次全速运转，让我再次快乐地超越了自己，没有感到任何强烈的痛楚。当聚光灯熄灭，我们再次回到酒店……那个未老先衰的人又出现了，他将令人作呕的混合物涂在自己的伤口上，试图在扶手椅中入睡，然而身体却再度深陷到可怕的疼痛之中。为了宽慰自己，我在脑海中思考着"亲爱的观众朋友们明天见，只有你们知道如何在整整三个小时内将我从疼痛这个敌人手中解救出来"。确实，每一天都比前一天更好，而节目录制也在观众的欢呼声中画上了圆满的句号。

回到日内瓦后，我进入了迟到的康复期，而我的身体比正常情况提前两周痊愈了，瑞士医生百思不得其解，但我告诉他们自己曾发誓要对这种神奇膏药的配方保密……我信守了诺言。

我们的节目每周六晚上在 CCTV-5 首播，次日中午在 CCTV-1 重播，每期的收看人数都达到了 1.5 亿至 2 亿。这简直是不容争议的爆款，粉碎了所有竞争对手，将全中国人民都集结到了自己身边。这绝非夸张，而只是说明了中国粉丝对曾经陪伴他们童年和青少年时期的系列节目依然忠诚。获得热烈反响后，中央电视台乘胜追击，每年都委托我录制新的国内或国际版本的节目，一部分再次以海南岛为拍摄地，剩下的则在哈尔滨与苏州进行拍摄。来自欧洲大陆各国团队的加入使这个电视秀在全球范围内取得了历史性的成功。

因此，对我而言，伟大的中国冒险仍在继续，各种奇闻轶事、幸福时刻、欢乐时光也在之后的各种节目和游历中不断涌现……

几年后，我将再次回到海南岛，只是这次不是为了拍摄国内或国际版的《城市之间》，而是为了拍摄纪录片《奥利弗游中国》。这档由我本人担纲主持的微纪录片由五洲传播中心制作，在法国国际电视五台面向所有法语地区播出，然后被翻译成中文在中国播出。节目的理念是让我像一个孤独的旅行者一般探索整个中国，我将在此过程中接触各种各样不同的人、不同的自然风貌和不同的人文习俗，并在每一期节目中以某个职业的视角来分享当地居民的生活。这是一场毋庸置疑的快乐之旅。这本书的大部分章节都是来自我这一系列纪录片精彩而欢乐无穷的游记，因为我这一次的经历实在是太丰富了。

在节目中，我再次回到海南，在这里，我担任起了一个现代化列车乘务员的角色。这列火车环岛行驶，连接着各种五彩缤纷的所在。你可以想象一下，当乘客们看到一个穿着中国铁路制服、温文尔雅但难免有点笨拙的西方人时，他们会露出怎样诧异的表情。这个西方人为他们放置行李箱、检票，用蹩脚到忍无可忍的中文播报车厢广播，然后面对摄像机模拟一段救助心脏病发作的假乘客的场景！在第一个惊喜过后，每一节车厢里的乘客都沸腾了，被这种不寻常的气氛所征服。至于我，每次靠站后，我都会站在月台上，带着孩子般的骄傲，穿着制服，手持真正的站长哨子，指挥列车再度出发。多么独特的体验！

又如我与快乐的黎族一起度过的那一天。我身着传统的节日服饰，随着略带部落风的乐声，在村里女性操纵的长竹竿间尽情舞蹈，节奏再激烈也不能忽视落脚点的精确。再如我在岛屿中心另一个地方，我向村里的老人分发丰盛的午餐，当他们在这个每周一次、温暖人心的慈善活动中看到一张"老外"面孔时，全都大吃一惊。多么感人的体验！

还有那次，在一个相当偏远的村庄，我充满激情地参加了一年一度的仪式，在那里，人们必须以最快的速度爬上椰子树，来庆祝丰收……我仿佛被基思·理查兹（Keith Richards）附体！我所崇拜的这位滚石乐队吉他手，几乎与我同期进行了爬树冒险，险些因摔落而丧命。我保证等我到了他的岁数后一定不再继续这样的运动。我假装的笨拙和故意的小丑动作让在场的孩子们笑声不断。多么幸福的体验！

环岛高铁乘务团队

4.《中国印象》的起源

2014 年，在瑞士的"金鸟笼"中百无聊赖之下，我决定在职业生涯，尤其是电视领域中开启一段全新的篇章。在此之前，我始终以一个精力充沛的怪诞娱乐主持人的形象面对观众——从《惊奇镜头》（Surprise surprise）到《一窗之间》（Hublot），从《无国界竞赛》（Jeux sans frontières）到《城市之间》（Intervilles），再从《雪中疯狂》（Crazy Games à la neige）到《天下第一游戏秀》（The Biggest Game Show in the World）。这个角色非常适合我，我对运动加综艺概念很感兴趣。最近有传言说，《天下第一游戏秀》即将启动新版，而我依然是不可或缺的一员……好吧，我十分感谢，静待佳音。赞美总是悦耳的，就像海妖之歌……然而在偌大的电视行业里，一切都是随机的，最终的结果经常取决于种种难以捉摸的因素。

回望我在事业上最活跃的年代，那时的我心中怀有一种不可抗拒的渴望，想要回归我最初的激情，想要去旅行和探索，想要与尽可能多的人分享我的经历。这个想法源于我在日内瓦与我的老朋友文森特·戈内特（Vincent Gonet）共进的一顿晚餐。文森特是瑞士著名电视制作公司 Point Prod 的创始董事，他的公司以优秀的纪录片和电视剧而广为人知。谈话催生了一个灵感，即在公司创建一个新的中国部门，于是文森特当即邀请我加入他的精英队伍，领导这个即将启动的部门。我的新事业就这样在餐桌上奠基了。

　　在国际版《城市之间》和中国版《城市之间》的两次拍摄间隙，我将在日内瓦管理自己的新部门，致力于瑞士和中国之间的合作、合拍，以及各类电视项目。开放的中国机会多多，令人兴奋。我们首先接待了一位成都某家大型电视台的年轻主持人，为其安排了住宿，并根据约定，着手为这家中国公司进行拍摄。她真正发现了瑞士，或者更准确点说，彻底被当地美丽的景色征服了，这里具有"真正的魅力"，她闪动着眼眸，不停地向我们重复道。的确，瑞士是个迷人的国度，资源丰富，不但能够融化春天山顶的积雪，更能够融化一个刚从中国都市赶来的年轻女孩的心。开阔的空间，极致的自然，只会出现在最美丽的水彩画或者最甜蜜的白日梦当中的景色，让你一时间恨不能化身为山中游荡的牛儿，自由自在地品味阿尔卑斯山地上诱人的绿草。还有那淋在美味红薯上的热腾腾的山间奶酪，令人愉悦的白葡萄酒，以及有明确捕捞限制的湖鱼，你的每一种希望都会得到真真切切的满足，毫无例外……几天后，我们的中国客人带着美丽的风光片、强烈的情感和美好的回忆离开了。无论在专业还是人性方面，我们都尽最大努力履行了这份合同。她宣布，自己将成为瑞士的——用她自己的话说——"终身特别大使"……

　　类似这样的报道显然让无数中国人对瑞士兴趣大增，但这些都已经是我后来才得知的了。从逻辑上讲，我们也理当做出对等的努力，一个激动人心的项目由此诞生，让我得以转型为一个温文尔雅的新角色——带领感兴趣的西方观众走进中国的文化、历史、旅游等领域的探索者。原创纪录片《中国印象》（Impressions de Chine）最终问世，在瑞士法语电视台和法国国际电视五台播出，每一集都大获成功。

　　为了确保作品的品质和美学效果，我们决定聘请一位杰出的法国—瑞士电影与电视导演、编剧多米尼克·奥特宁-吉拉德（Dominique Othen-in-Girard）。巧合的是，他已经非常熟悉中国，因为他不但曾经在那里拍摄，甚至还曾经在那里为当地学生教授电影艺术课程，我们又增加了几分把握。因为都有曾经在中国工作和生活的经历，也因为工作中艺术和幽默

这一曲献给美丽的苹果

思想的相通，多米尼克和我很快成了朋友。

于是我回到了中国，开始拍摄我们这部总共 10 集的纪录片，第一集的主题是北京以及……吃虫子，这对我而言是一场全新的体验，因为我尽管是名副其实的"杂食动物"，但是也实在无法被这种特殊的食物所吸引。那天，我们在一个市场上拍摄，那里商品种类非常丰富，包括甲虫、蟋蟀、蝎子、蜘蛛、海马和其他看上去就让人毫无胃口的小动物。可是，为了拍出漂亮、有趣而爽利的片子，我可以不顾一切。第一口是小心翼翼的尝试，然后……我发现自己喜欢上它了！事实确实如此，因为所有这些昆虫和其他生物都经过油炸，吃起来非常酥脆，很像是搭配开胃酒的薯片，真是让人惊讶。在餐饮区旁边，还有很多售卖的各种小宠物。显然，它们面向的是与我们不同的客户群，这里的生物们有四条腿的，也有数不清多少条腿的，有披着羽毛的，也有覆盖着鳞片的，它们将被人们宠爱、喂养，甚至崇拜……

第二天早上，导演、技术团队和我一同飞往成都，那里有一个不可思议的惊喜正等待着我们。我将被特批探访大熊猫基地——光是大熊猫这个

多米尼克·奥特宁 - 吉拉德在工作中

名字就足以让我激动不已，心跳加速。这是一个兽医团队精心管理的园区，团队中的每个人都有着和这种集万千宠爱于一身的动物打交道的丰富经验。在这个特别建造的条件一流的宫殿中，人们最重视的就是大熊猫的繁殖，以最现代的方式进行监督和分析。在这个享有盛誉的大熊猫繁育研究基地，兽医和研究人员致力于从各个不同角度研究这种寓意深厚的动物——从营养、行为、医学到生物学。大熊猫是中国独有的动物，是这个国家的国宝，也是全世界野生动物保护的形象大使。虽然中国人会将一些熊猫借给幸运的外国动物园，但是其所有权并不会因此而改变。据科学家们说，黑白相间的皮毛是为了使大熊猫能够在雪地上进行伪装，但这种自然搭配让我想起了阴阳概念，而熊猫身上体现出的力量和智慧也正契合这种哲学。因此，熊猫也成为道家精神的最佳象征，具有不可抗拒的美丽和坦率。在它的进化过程中，这种原先的肉食动物变成了"竹食动物"，竹子是它们重要的生命补给和绝对的快乐源泉。

人们给我穿上经过消毒的连身衣、手术手套和一顶帽子——这些装备无论是否合身，都经过了严格的消毒——然后我就进入了为熊猫设置的安全性一流的保护区。我无法靠近年长的熊猫，因为它们可能会对不属于这里的人员造成危险，至于游客，他们只能在高高的防护网后欣赏这里的熊猫家族。但是很明显，"中国的好朋友奥利弗"值得获得特别的重视……

毛茸茸的小宝贝

因为我在这里见到了几只在几周前出生的小熊猫，正在专门为它们而建的花园里嬉戏玩耍，为了确保它们可以在户外游戏当中茁壮成长。相信世界各地的任何孩子也都会希望自己拥有这样一个永久的乐园吧。小熊猫很贪玩，是的，超级贪玩。我将一只小熊猫抱在怀里，这个小东西立刻抓住我的手放到嘴里，用大乳牙使劲地咬着。为了将我的手取出来，我必须用另一只手轻轻分开它的下巴，然后我终于"猫口脱险"。一位饲养员告诉我，如果刚才咬我的是成年熊猫，那么只需一口，我就会失去自己的全部手指，然后我必须等待捕猎者对猎物失去兴趣后才能去寻找自己被咬掉的残肢。我决定远离成年熊猫为好！还是天真温顺的幼崽比较适合我。我又抱了几只熊猫幼崽，还和另外几只毛茸茸的朋友一同在草地上打了几个滚。之后，是时候探索这个警戒森严之地与人类相关的故事了。这真是一场令人难忘的经历，多么美好的时光，我很幸运自己能够与这种神奇的动物近距离接触。可爱的小熊猫，我的朋友们，我可能会在几年后再次与你们其中一只相遇，如果你们被租借到欧洲最大的动物公园的话。若我们无缘再见，那么我希望你们若是被选中放归祖辈生存的原始山野，在山间和林地里一定能够遇到繁茂的竹子和无尽的好运。你们值得获得

愉快的下午茶时间

最崇高的敬意。

　　或许是为了平复我的情绪，当天晚上我被邀请观看川剧表演，这是该省的代表性文化。通过微妙而精湛的艺术，表演者能够瞬间更换脸上的面具。这种惊人的技术让这个剧种在几个世纪的时间中取得了持续的成功。晚餐则呈现了该地区的另一个特色，四川麻辣火锅（在欧洲通常称为中国火锅）。好吧，当我们在这里说"辣"的时候，这只是一个普普通通的字……但是在现场，你很快就会感到味蕾在燃烧，这种感受甚至强烈到让你想放声大叫，这团火仿佛决心消灭你口中的一切病毒或细菌。你很快就会被辣椒和四川花椒的力量所征服，更加意想不到的是，它们的这种力量还将在口中持续存在下去。本性难移……我忍不住开了个玩笑，在帕特里克·布拉赫（Patrick Blache），这位来自法国的和蔼可亲、经验丰富的音响师的酒杯中倒满了白酒，而他却认为这种饮料和水类似，可以有效缓解口中的灼热感。于是乎，他的口腔里发生了新一轮的火山喷发。当这位可怜的朋友抓起一瓶水拼命往嘴里灌时，电视台的所有工作人员都笑得喘不过气来。这一喜剧实验结束的时候，我们的实验品已经顾不得还有不少中国朋友在场，整个人就像空麻袋一样瘫在了座位上。从那之后，这段滑稽的轶事还会被大家不断提起，看来能证明四川之行好玩的东西绝不是只有大熊猫。

中国印象,从紫禁城开始。这是北京必去景点中不可或缺的重头戏。虽然我已经参观过数次,但每次漫步在这座中国最后两个封建王朝帝王生活过的宫殿中时,我的内心总会升腾起一种特殊的感觉。这座神话般的宫殿占地 72 万平方米,始建于 1406 年,由超过 100 万名工人和工匠辛勤工作 14 年之久才完成。这项工程声势浩大,正如人们对中国古代文明的一贯印象。这是一场生动的时光之旅,是人类文化遗产的一颗明珠。我还曾经为一部精彩的纪录片《紫禁城》配音,后者帮我更深入地了解了故宫不可思议的历史。遗憾的是,我并不知道这部优秀的纪录片在哪里播出——过去几年当中,我配音过的法语影片太多了。不过,如果你有缘在某时某地看到它,你肯定不会失望的。

雄伟的天坛则是另外一个不可不去的地方。自称"天子"(显然不仅仅是个谦虚的说法)的中国古代皇帝们曾经在这里祈祷,请神灵庇佑自己的皇城、自己的国家、地里的收成——以及他们并没有忘记的子民。

中国辉煌的历史留下了太多值得一看的建筑,散布在全国各地。不过,我最百看不厌的还是中国的长城。绵延于山野间的城墙总长度超过 2 万公里,是人类有史以来最长的建筑,意味着你可以在许多不同的地方欣赏它不同的风貌。开阔的空间、古老的石头、惊人的高度落差、历史的气息以及户外冒险的拼搏之感,都使得它无疑成为世界上最引人注目的地方之一。它的蜿蜒万里意味着,哪怕在节假日,那些最著名的、设施最齐全的景点早已被摩肩接踵的人群覆盖的时候,你依然可以在某处找到独属于你的道路和风景。然后,在有着千年历史的城墙上,在郁郁葱葱的群山之间,在人迹罕至之处,做一场私密的散步,对于画家、诗人和旅行家而言,这无疑都是上天眷顾一般的特权——如果多种身份集于一身,那幸福感则会成倍增加,而巧合的是,我好像就是如此。

中国人的日常生活和欧洲人有一个显著的不同,那就是总体而言,这里的氛围要轻松得多。我知道,人们完全可能因为主观的无知或者是受到了媒体宣传的客观影响而对现实产生偏见，但是很多事情只要你亲眼见到，你马上就会明白真相，并大吃一惊。在中国，音乐总是会在身边响起，人们喜欢去公园或者街心花园进行各种各样的锻炼，完全不需要协调一致的组织，更不必提前宣布什么，可以完全自由地选择时间，一切就像条件反射一样自然。我们能看到退休老人放着风筝，或者挥舞长长的彩带，让它们旋转着高高飘起，也有人挥舞着长鞭，或在散布各处的体育器材上锻炼。离他们不远处，活泼可爱的老阿姨们伴着传统曲调跳舞，模仿着由同样是业余的领舞者即兴示范的各种动作，也有一些人更热衷于在市政工作人员精心照料的花坛前自发地合唱。人们可以随心所欲地参加任何一个团体的活动，也可以独自活动。但是，最能将所有 40—80 岁甚至更年长的人群聚集在一起的，无疑是即兴进行的、具有兴奋作用（此处并非贬义，也可以认为是"令人振奋的"）的锻炼活动，尽管看起来很简单，但这些运动似乎对维持机体健康非常有用。人们轻轻地拍打自己的脸部、手臂和大腿，或在原地踏步的同时搓揉双手，又或是有节奏地拍手或揉鼻子、拉耳朵，轻轻地敲击头骨，用拳头有节奏地敲打腰部，以及轻拍膝盖。当然，所有的运动都不是在沉默中进行的，人们播放着节奏鲜明的乐曲或者歌曲，来帮助自己计数。据说，这些锻炼能够调理身体，预防某些病症，保持关节的活力，促进血液循环，甚至能够避免心脏和大脑问题……原来如此！我们在其他的故事当中还将谈到传统中医理念，正是它激发了这些做法的流行。最后的真正主角还是太极拳，这项运动优雅而从容，各种较大的动作被巧妙编排在一起，还能帮助人们更好地锻炼自己的呼吸。

或许，一些读者可能会以为，只有悠闲的退休老人才会在公共场合从事这些活动，甚至范围也仅限于北京、上海和广东。大错特错！从大城市到偏远的乡村，不同年龄、不同风格的年轻人也以自己的方式在每个角落做着实质上一样的事情。他们会在小树林中用自己心爱的小提琴或长笛独奏乐曲，或者在长椅间举行诗歌角活动，又或者在年长者惊讶的注视下尝试一种新的运动方式或一种新的玩物，而实验对象很快就会掀起一股新的潮流。我经常会在小路的拐弯处或安静街道的人行道上遇到一个边走边唱的人，或者沉浸在自己的世界中面带微笑的人，我向你保证，这种被感染的快乐无与伦比。几乎每一个中国人都具备这种展示自己快乐的倾向，不管这快乐多么简单，也不管它持续的时间长短。总之，这种非常普遍的自然态度让人非常愉快，而我自然也成为了其追随者。中国是一个包罗万象的地方，也正是这些永不枯竭的惊喜造就了这个国家时而迷人时而神秘的生活魅力。例如，我想到了不同信仰的中国人的思想和行为之中根深蒂固的腼腆性格，但当人们在公园里采耳或在街角的人行道上理发，又或在胡同巷子不设分隔的公共厕所里方便时（这些古老的社区尚未完全现代化），一部分腼腆便会突然不复存在。我很高兴看到，在这个进步、科学和前卫的国家，最古老的习惯经受住了现代化的强势冲击。安静的胡同、广场或货摊、门面的各个角落都会有人聚在一起，进行各种历史悠久的娱乐活动，比如象棋、麻将，以及其他纸牌或骰子游戏。在这个国家，麻将被公认为一项智力运动，而智力运动员除了饱含热情参加比赛，还会尽可能多地与爱好者进行互动。如果这是一项有益于健康，放松又友好，免费和流行的项目，那还有什么不参加的理由吗？中国人爱玩，爱笑，也爱开玩笑。他们中大部分人都心怀童真，这就是我在全国各地的诸多会议、交往中总能自发地与中国人打成一片的原因。如果你必须在生活中保持严肃，时刻面对问题、肩负责任，长此以往便会变得消极，因为这样的状态会滋生内心的灰暗面，例如神经症或伪善……因此，有必要学会像中国人那样，在严肃和轻快、行动和反思、笑声和疑问、世故和坦率、幽默和同情中来回切换，这就是阴阳的内涵所在！

现在我又来到了灵隐山，在灵隐寺受到了方丈的欢迎，他的寺名可直译为"灵魂静修的寺庙"，一个恰如其分的名字。这里有数不尽的洞穴和雕刻在岩石中的宗教雕塑，带着一种难以抗拒的吸引力，令人叹为观止。朝圣者、游客、冥想者，各种各样的人在法定节假日期间从中国及亚洲各地蜂拥而至。在跟着我可敬的临时佛学老师进行了礼佛之后，是时候享受一顿简朴但美味的晚餐了，和我一同用餐的还有多位僧人，他们对我出现在这个专门的内部食堂感到非常兴奋。寺院并不严格禁止一切新鲜事物，但前提是必须有用且精神层面得体，不少僧人都配备了最先进的智能手机，这也使得我们不同寻常的相遇得以靠合影永恒地刻入历史。这些定格的时刻得到了微笑和眼神的祝福，对我而言这是多么幸福的体验啊。无论如何，我尊重一切的宗教信仰，在所有场合均是如此。

中国人崇敬他们的祖先和前辈工匠们的光辉历史，无论是在建筑、小手工业、艺术，还是其他不断创新的领域，这些工匠多年来以匮乏的资源创造了数不尽的奇迹。因此，当我发现当今仍有许多村庄致力于传承这些丰富而辉煌的历史时，我认为这再正常不过，中国的旅游业也因此蓬勃发展。为此，我探访了乌镇，开启了一场真正意义上的时间旅行。在这个未被现代化"吞噬"的世界中，这座顽强的"小威尼斯"城中见不到汽车、马达、霓虹灯、摩托车或卡车，所有的手工艺活动都依然遵循着已经实践

乌镇，中国的威尼斯

了几个世纪的基本原则。即使是小巷和房屋的建造和翻新也是完完全全依靠手工劳动。从砖块到切割的石头，人们仍旧使用和以前一样的材料，各种工具看起来陈旧但管用，只是需要大量的体力劳动和汗水。这也使人们更好地理解到技术进步的好处，正是后者使我们免于这种繁重的工作，减轻了痛苦。但在这里，主要为了传承和纪念过去的行业，人们依然在沿袭过去的做法，当然，价格也由此产生了巨大而合法的差异……旅游业在此为真实性提供了巨大的奖励。艺术也无处不在，在石巷拐角的临时栈桥上，在阴暗的房屋里，数位可敬的卖艺者表演着古代的戏曲，或者在古老乐器的伴奏下表演小型木偶戏或皮影戏。在小作坊里，我们可以欣赏一位木雕师创造一尊庄严的佛像或一件不可思议的作品，或者另一位正在加工梳子的匠人，他的操作如此一丝不苟却又异常优雅，再或者，一位在地窖中构思作品的工匠，他使用原始模板在织物上印刷简朴的图案，然后将其浸入神秘的植物混合液中进行着色……鞋匠和裁缝也沿用传统技艺，或者说古色古香的技艺。我被邀请尝试其中的一些操作，这让我很快发现他们的工作需要具备过硬的专业知识和技术，因此在面对所有这些奇人异士之时，我展现出了最大的谦逊。在中国之旅中，我曾参观过不少酿酒厂，但乌镇的酿酒厂无疑是迄今为止最古老的。由此制作出的佳酿也同样非同凡响，甚至据说，只要多喝几杯，你就能听到马蹄踏地的声音和古代英勇士兵的笑声……不过我没放纵自己喝到这种程度。在一个保留着过去记忆的地方，我们能够忘记人类可怜的缺点，而只是推崇他们创造、建造和放大所有人类天才的神奇能力，这是多么美好啊！向所有为人类伟大一面作出贡献的无私灵魂致敬，愿他们安息。

在中国游玩的好处在于，你只需要花上几个小时，就可以从最偏僻或古老的地区，来到一个繁华喧嚣的大都市，而在那里，也会有一些事物帮助你改变先入为主的观念或单调的习惯。在上海的探索正符合这种情况。次日，我带领这支来自西方的小型电视团队，满怀热情地参观了这座被誉为"东方明珠"的城市——拥有史诗般历史的奇妙都市。如今，作为中国繁荣的灯塔，意气风发的上海在各个领域都闪耀着光芒，无论经济、教育、文化、历史遗产，还是艺术、建筑、社会和美食。这座超现代城市拥有令人咋舌、巧夺天工的摩天大楼，但同时，它在某些街区又保留了过往的魅力。这些街区不受城市飞速发展的影响，尽管日常生活充满繁忙与焦虑，但源于生活本身的幸福还是在这里占据着主导地位。这是另一个令人惊讶和称奇的反差。带着好奇，我参观了一个有趣的相亲市场，这是一个每周一次的集市，目的是为年轻的单身男女寻找未来的伴侣。但独特之处在于，来找伴侣的并非年轻人自己，而是他们的父母！在一块块美观的个性化展板上，父母们大方展示了孩子的照片、品位、身高、教育水平、社会阶层、财产，以及对方父母可能感兴趣的所有其他细节，以便让他们各自的后代建立联系。当然，最终的选择还是孩子们说了算……在这个热闹而友善的公园中，父母的首要目标是帮助子女寻找最优质的未来家庭，但同时他们也在搜索过程中保持着中国人惯有的腼腆与谦逊。你必须了解和感受整个中华民族的精神，方可充分理解这一令人尊敬的和善意的事件背后所隐藏的象征和文化意义。成功的相亲通常会以一场美丽的婚礼仪式画上句号，新郎新娘在摄影师的镜头下行走，步入庄严而美丽的殿堂。仪式上客人的数量与婚礼的隆重性都与新人的社会地位相匹配。在充满活力和愉快的气氛中，人们尽情地交流，展现自己最真实的一面。每个人都通过符合身份的方式庆祝这些决定未来的重大时刻，新娘穿上红色的礼服来召唤好运，因为红色是代表着幸福和繁荣的中国色。

　　幸运的巧合在第二天降临了。我独自一人漫步在外滩的标志性码头，在绵延几公里的黄浦江江岸上，一边是华丽的现代主义建筑，一座座建筑此起彼伏，另一边则是享有盛名的百年老建筑。正当我漫步的时候，突然看到一群快乐的人用摄像机拍摄一位新娘。他们当中有个人认出我是《城市之间》的节目主持人，于是大家又纷纷将镜头转移到我身上，他们上前和我握手，拥抱和祝贺我，满脸自豪地表示他们对这个让我家喻户晓的节目的热爱。他们为我拍摄了照片，而那个看起来像新郎的人则热情地邀请我作为特邀嘉宾参加当天晚上在附近酒店举行的盛大婚礼。我如何能拒绝这样的好意！这将成为我在中国参加的第一场婚礼。当然，那时的我还不知道未来我将有机会见证更多的婚礼。但我清楚的是，当天的我并不打算那么早睡觉，因此这个"节目"来得正是时候……

这部系列纪录片为我打开了未来与中国中央电视台（2018 年更名为中央广播电视总台）、法国国际电视五台和其他国际广播频道合作的大门。它呈现一种新的基调，一种令人赞赏的轻松节奏，细致的计划和人性化的愿景，而这些也无疑是它能够吸引大量观众、收获一批好评的关键所在。我对中国的深度探索才刚刚开始，车轮已经启动……

5. 极地漠河

从 2005 年到 2016 年，我成为中央电视台一位广受欢迎的大明星，尽管我几乎不会说中文，却拦不住各种邀约纷至沓来。中国是一个"一切皆有可能"的国家，有时超越了我们的想象力，每位来到这里的西方人都可以证明。因此我爱她至深！这个社会几乎从来不会停止向着和谐的目标前进，其脚步经常令人惊讶，我们必须学会接受任何出乎我们意料的东西，以及日常生活的各种相应变化，不管多么不可思议……

2010 年春季，我正在巴黎附近一个大型摄影棚拍摄新的《城市之间》节目，参加本次疯狂比拼的是中国、俄罗斯、法国、哈萨克斯坦、乌克兰和白俄罗斯的代表队。在这次拍摄过程中，我结识了那些共同出品这一新系列节目的国家电视台制片人，以及各个由参赛选手和贵宾组成的代表团。有一位客人是中国北方一座小城（中国面积广袤人口众多，所以他们的"小"真的只是相对意义）的市长，他向我介绍了自己，话语间洋溢着愉悦和兴奋。我们在录制地点交谈了数日，一起吃饭，他拍了很多照片来记录这些时刻。当时我还不知道，他将给我带来一段我人生中最幸福的时光，就在中国……

几个月后的一个清晨，我位于日内瓦乡间的家里响起一阵电话铃声。来电显示归属地是中国北京，是我的朋友制片人辛少英来电。她告诉我，她将负责中央电视台关于 6 月份足球世界杯的特别系列节目，我被选中参

我的中国朋友制片人辛少英

与其中一期，而且方式相当有新意。我将前往中国北部黑龙江省的漠河市待上几天，6月21日是中国的夏至，同时也是瑞士队在小组赛中的一个比赛日，我将正式在漠河登场，作为瑞士代表远程参与北京直播的节目……我接受了这一来自中国极北小城的邀请，他们的市长就是几周前我在巴黎遇见的那位官员（他在《城市之间》拍摄结束离开我们之前说，他是我的朋友、我的粉丝、我的兄弟）。换言之，漠河市决定通过我来支持瑞士国家足球队，为奥利弗的国家加油助威，庆祝中瑞两国友谊。不过，我同时又是一个法国人，但是这双重国籍的问题并没有难住节目的策划者，因为我作为一名中立的裁判早已声名远播。在漠河期间，一个小型电视制作团队将全程跟着我，我的发言将在每天的赛后特别节目当中播出，预计观众的数量是——超过2亿。最大的好处是，我们全家人可以一起参与这趟行程！就这样，我和妻子及孩子们（奥雷利恩将满5岁，蕾雅已经10岁）一起开始了这场新的冒险，探索中国北方的准极地地区。当地的冬天会被无处不在的积雪覆盖，有时会厚达数米，零下的气温创下全国最低纪录，而在夏季，这里的气候却很温暖，白天气温超过27℃，夜晚非常短暂，到处都是茂密的绿色植物，森林深处散落着星星点点的小湖泊。

了解到这些宝贵而激动人心的信息后，我们满怀激情地轻装出发了。

为了倒时差，我们在北京休息了几天，随后乘上一趟中国国内航班，舒舒服服地向着漠河出发。中央电视台派来的一位摄像师和一位年轻的翻译助理全程陪同我们，可以在我们需要时提供帮助，很快我们就来到了中国东北的上空。飞机降落在漠河机场时，我们被要求等乘务长和空姐通知后再下飞机。我顺理成章地以为这是为了让摄像师和助理先下去做准备，以便拍摄我们从俯瞰停机坪的楼梯走下飞机的镜头，这是再正常不过的了。因此，其他乘客离开后，我和妻子及孩子们一起耐心地在空荡荡的飞机中等待着。几分钟后，他们告诉我："好啦！您可以下飞机了！"然后我和飞行员、空姐友好告别，跨出飞机大门，扑面而来的是一片灿烂的阳光，以及……一支大型乐队开始演奏，乐声雄壮高亢，一群年轻粉丝举着长达数米的横幅，上面用中英双语写着"欢迎奥利弗"！身着制服的乐队足有 50 多人，而挥舞着小旗子和我照片的学生也有大约 60 人，他们高声叫着我的名字，还有市政府官员和机场管理人员也站成一排……我带着惊讶、兴奋与无比强烈的感激之情走入这一奇景当中。站在楼梯口迎接的正是"我的朋友、我的粉丝、我的兄弟"漠河市市长，我们相互拥抱。我的妻子赛芙琳收到一捧漂亮的花束，孩子们收到两个巨大的熊猫和小熊毛绒玩具。我走向热情的人群，与官员和粉丝们握手，他们争先恐后地和我自拍，还有当地电视台的摄影师也来了。我们被这一难以置信的欢迎场面深深打动，笑容中混合着喜悦的泪水，我们对这些好客的主人们的感激之情难以言表。这真是具备独特辉煌与大度的中国式魔法，让我有多么吃惊，就有多么喜悦。在此之前，我只是在大制作的电影，或者历史性外交会议的纪录片当中，才见识过这样的场面！所有这些完美的安排都是为了表明对我们友好的欢迎之情。不过，一切还只是刚刚开始……

第二天，我们与一群来自上海的非洲年轻大学生一同游览这座小城，他们是来参加为期一周的户外音乐节的。我们一起来到了一个露天市场，这里是当地的土特产品集散地，除了从视觉到嗅觉的全新体验外，旅游者还能再次真切感受小镇人的生活氛围，因此成为了一个必到的打卡地。由于在这个偏远地区很少见到非洲人，加上音乐自然赋予他们的不凡魅力，这次普通的游逛突然变成了粉丝见面会，大家拍照、签名、握手，又好像一场竞选获胜的庆祝游行！我的妻子和孩子，人气也不落下风，他们都开心地参与到这个众星捧月的大场面中，享受着纯粹的幸福，这场集体狂欢正是人类伟大兄弟情谊的最佳证明！

随后音乐节开始了，将由当地电视台拍摄，并在中央电视台播出片段。他们非常诚挚地邀请我和一位年轻的主持人一起出场，作为给观众的一份惊喜和给组织方的一份礼物。尽管我没有做任何准备，但还是欣然同意。盛情难却嘛！可是，当大家得知我几周前刚刚录制了一首欢快的中文歌曲，并且配上了在故宫、天安门广场和哈尔滨拍摄的视频时，音乐节组织方和市领导纷纷热情地邀请我在这个舞台上也演唱一番……那好，行吧，我只能再一次盛情难却了！不过，我提了一个条件：考虑到演出场地如此巨大，唱歌时的场面也应该大一些，以免给人以画面过于简单和冷清的感觉，而我恰好见到了一群年轻的舞蹈演员在排练，我希望他们能够参加到我今晚的表演当中。对方同意了。接下来，我们必须抓紧排练，在更衣室的走廊里，我们火速进行了编舞，并抓紧时间合练了几遍，毫无疑问，这将是最生动的时刻之一。无知无畏，简直是胡闹！我妻子抱怨说我简直是疯了，但我知道她正是因为我的这一特质才如此爱我，孩子们的眼睛也因为父亲的勇敢而闪闪发光——他们的父亲在一天内就成了一个载歌载舞的流行歌手，而组织者们则更是心花怒放。

夜晚来临，我来到场地当中，面对着 5000 名热情喧闹的观众，先和大家寒暄几句，然后就开始表演那个 90% 都是临时完成的节目。效果竟然出乎意料的好，大大超出了我的预期！我一生最喜爱的一直都是舞台，而现在，我又重新回到了这里，在为了五斗米而迷失在职业生涯中太久之后，重新解放了自我……我不止一次想，如果我们想要感受那种将不可能变为现实所带来的顶级喜悦，就必须一直保持勇敢，相信自己，克服恐惧，直面所有风险。生活的经验教会我，勇敢尝试不会失去任何东西，如果想要看到幸运女神的微笑，你首先必须在她接近时全力抓住她。这有点像追求女孩，合适的时候必须立即行动。只不过，同样真实的是，越是美丽的女孩，往往就越难追求到……然而，真正合格的追求者绝不会因此气馁。幸运女神常常让人垂涎不已，却从不会自己送上门。尽管如此……我们绝不能气馁。

从漠河城区北行几十公里，就是中国最北端的村庄——北极村，它已经成为一个了不起的生态模范，当时通过一条穿过无尽森林的崎岖小道才能到达。不过，我们已经看到，在中国和俄罗斯界河黑龙江的岸边，一条巨大的高速公路项目已经在施工当中了，并将很快带着更多户外旅行家和自然爱好者来到小村。（我刚得知，这条路已经通车很久了。）

这片伊甸园正是我们此次行程的目的地，我们过了几天乡村生活。夏至日的河岸上夜间挂着中国传统灯笼，充满了友好与文化气息的官方盛宴汇集了黑龙江省本地的所有特色菜肴，6 月份短至一个半小时的夜晚，还有仪式感满满的多向指示牌，经"奥利弗"签名后，从此指向瑞士；加拿大般的自然风光中遍布着星星点点的湖泊，湖上是田园牧歌般的垂钓圣地，我们在一片如同梦幻般美好却真实可亲的家庭氛围中，尽享无上的恩赐。这时，又出现了一个最能说明中国和中国人的例子。我当时问好客的主人，他们与俄罗斯如此之近，是否能时常品尝到鱼子酱，这其实只是偶尔想到，脱口而出……随后，每次正式或非正式的宴会，我都能看到大圆桌上有一大盒鲟鱼鱼子酱，奥利弗不动筷子，任何人也不会先用。这里的人真懂得待客之道啊！

对于居住在这片中国北方之地的人们而言，生活总是在极夜与极昼的交替中流转。11 月至次年 3 月底是冬日的极夜，天空有时会突然开始闪烁白色的光芒，而在夏季，夜空则可能五彩缤纷，变成流动的色带，仿佛有人在群星间投了某种化学物质，进行神奇的实验……这种非凡的"北极光"据说在漠河相当常见，而我们在短暂逗留当中有幸就目睹了一次，真是令人眼花缭乱。

天下没有不散的筵席，我们就要离开这些新朋友、离开这个魅力无穷的地方了，我们一家四口每个人心中都有难以忘怀的画面。至于那些为中央电视台拍摄的画面，自然将会大获成功。虽然我们抵达机场时的画面没有被播出，但是我将永远在心里保留我在这次意义非凡的行程中感受到的极致友好的优待之情。

一回到欧洲，我们就自然而然地成为漠河、北极村和中国东北地区的宣传大使；我们通过热情洋溢、声情并茂的描述，激起了所有朋友前来中国旅行的愿望，毫无疑问，他们也将收获同样的幸福体验。

6.《奥利弗游中国》

　　2016 年，五洲传播中心决定邀请我制作系列纪录片，每一部 26 集，每集 5 分钟，并预先签订在法国国际电视五台和中国中央电视台播出的协议。如此我得以自由穿行中国各地，从最偏远的乡村到最繁华的都市，邂逅不同的人，尝试不同的职业，体验不同的感受。总之，我将深度沉浸到今天的中国现实当中，同时寻觅其延续了数千年的各种传统。这样的节目注定会受到世界各国数以亿计的观众的欢迎，简直让我心驰神往！

　　当我在日内瓦的家中收到这一动议时，我首先强调了拍摄对象和故事的真实性是至关重要的，只有真实的内容才能真正有力地证明"中国式幸福"——经济的飞速发展和坚定的改革开放，这一现实正在日益凸显出来。我还不失礼貌地提出，自己必须能够通过写作或者改写来控制文本，在任何情况下都必须确保我自由表达和独立行事……他们都欣然接受。他们全权委托我来主导这些微纪录片，允许我以自己的幽默和自己所谓的差异视角来为观众介绍一切，让观众成为我旅程的同伴和见证人，而我保证将为他们提供自己作为一个旅行达人对一路上所见所闻的个人观点。不过，对任何可能耸人听闻或者破坏社会和平与和谐的事情，任何被视为无端颠覆或虚假论证的事情，我当然都会有自律的保留。毕竟，除了我自己的国家，我无意干涉任何他国内政。我只期望聚焦于人类、自然以及那些永恒的精神主题。我接受这一任务，主要还是出于对探险和电视本身的兴趣。

"老虎"杨建，我快乐的制片人

　　《奥利弗游中国》的第一季获得了巨大成功，法国国际电视五台杰出的总裁伊夫·比格（Yves Bigot）很快亲自拍板续拍第二季。这一季共 52 集，无数奇妙的冒险，又将等着我去分享！这场探险的中方制片人叫杨建，人称"老虎"，这位退役的前军官非常欣赏我的旺盛精力和滑稽动作，这些使我随时可以演绎他所谓的"荧屏野兽"——一种电视生物，其特质表现为对专业的狂热的爱和对传达美丽情感的强烈欲望。更多的惊喜还在后面！这个国家浸染着多元的文化，有着丰富到令人难以置信的历史，上演过一幕幕惊心动魄的剧本，流传着一段段引人入胜的传说，涌现了一个个令人叹为观止的人物。从过去到现在，这里一直是一个自成一体的世界。这个国度的人民曾经被误认为是一个整齐划一、谨小慎微、圆滑世故的群体，但那完全是过于简单化和无知的常见产物，他们其实是众多不同人群的混合，有着不同的面孔与体格，有着不同的思维和判断，有着不同但丰富的地方习俗和传统，以及各不相同的生活方式、方言和喜好，而所有这些都受到民族、地区、气候以及家庭教育环境等的影响。当然，我们都能轻易发现，他们的美食也绝对是多元化的。

　　在中国无论你走到哪里，你都能遇到那些既为家庭追逐幸福，又为自己寻求内心宁静的好人，无关乎受教育的程度。这种健康愉悦的心态让我一次又一次地想到遥远的地中海岸，我愿意把中国人叫作"亚洲的拉丁人"。当然，我也必须明确地说，和其他任何地方一样，中国也有不友好的人，甚至是令人不快的白痴，这是任何文明都逃脱不掉的。不过，他们在这里是相当有限的，我并没有遇到太多，这是因为我的运气好，还是因为与惊人的总人口相比，他们本来就数量有限呢？无论如何，答案总归都不错。

在经历了数个世纪的动荡与战乱之后，现今的中国人都极其渴望政治的统一，也正是在遭受了如此多的苦难与不公后再度获得的统一，保证和促进着中国的发展，并成为这个国度繁荣的基础，不可动摇的真理，以及最高的理由。法国皇帝拿破仑曾经说过："中国是一头沉睡的雄狮，当它醒来时，世界都会为之发抖。"多少年来，无数文章也都曾经重复类似的表述。中国国家主席习近平 2014 年在法国面对众多对中国改革开放感兴趣的投资者和政治家发表了一次非常有趣的著名演讲，我也有幸亲耳聆听，当时他说道："中国这头狮子已经醒了，但这是一只和平的、可亲的、文明的狮子。"这种明确表态让我得以在之后更好地理解了中国官方的决定与态度，虽然语气轻松，但是信息明确，带有强大的说服力。对中国人而言，这种被认可的核心需求必然会带来真诚的思考以及积极的变化，因

快乐的校园运动

为我是这个积极进程的坚定支持者。但是我们也知道，在这个危险的世纪，全球的喧嚣和国际关系的混乱有时也完全可能会颠覆最好的解决方案……让世界经历新的痛苦的幻灭。

然而，无论如何，各国人民对和睦相处的强烈且合法的愿望依然存

喜气洋洋的乡村春节

精益求精是我的信条

在，我们因此有理由相信这个世界终会和平。有人会说我是一个永远的乐观主义者，我不介意，因为我不能自甘黑暗，我总是愿意认为杯子是半满而不是半空。我还认为，寻求与分享需求相关的生活乐趣是一种美德，正是这种美德定义了最可爱的人类，这是我的命中注定，我完全接受。

不过，与此同时，我一直相信，真正的奢华、真正的神秘优雅是通过空间的亲密感来获得的。壮丽的风景、美丽的色彩、迷人的香味，这些并不一定需要许多人一起欣赏。孤独往往会更加充实，不管是在殷勤好客的人群当中，还是独自走遍全球的旅程上，我从来都是孤独的门徒，并且还将一直是，这让我获得了许多的启示。比如，在距离喷发的火山口仅仅几十米的地方，在炽热滚烫的熔岩山洪旁，我曾经在五天五夜的时间里完全与世隔绝，被这场无休止的，令人眼花缭乱的毁灭芭蕾彻底迷住了……或者是自愿成为气旋的人质来体验救赎的愤怒，但也惊讶地目睹了被北极光撕裂的天空中华丽的宇宙之战。也许，这就是我无法摆脱的倾向，总是想和大自然母亲交流，哪怕有些危险……

在中国，没有太多令人血脉偾张的危险，我只是经历过若干酷的、好

在外景地

的、有趣的，以及有时可能有点怪异，经常令人惊讶和难忘的事情。不过，这次拍摄堪称是真正的马拉松，而且分散在各地进行，在电视制作预算的约束下，每个地方只能停留两到三天，让我陷入了严重的纠结。一方面，它让我不至于在这场旅行中对一些目标过度倾情以至难舍难分，但另一方面又让我对一些目标未能尽兴挖掘感到失落。为了弥补这个遗憾，我选择尽兴地活在每一个当下，尽情地让影像与记忆篆刻每一闪耀的面孔和美丽的景致。每一次离别，我都会与人紧紧相拥，记住这强烈地将人性赋予这些肥沃的土地所产生的令我欲罢不能的气味，同时经常向人类和大自然承诺，我们可能会再次见面……在这个"一切皆有可能"的国度，我怎能不选择真诚地相信？

这本书的某些章节将我瞬间带回了不少地方，但这里不再一一赘述。事实上，遗珠之憾总是难以避免的，许多地方都没有出现在书中，但对我来说历历在目。

比如，我原本还可以讲述在陈家沟的日子，这座河南山村被认为是太极拳的发源地，世界上最狂热的爱好者像朝圣一样来到这里，在一所国际

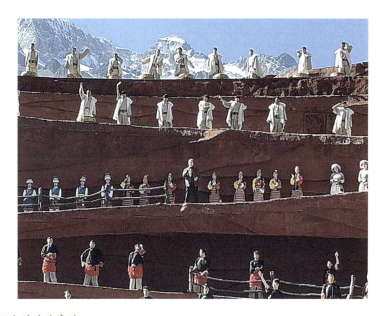

海拔 3000 米以上的非凡表演

学校里跟随大师们学习这门将身心修炼和身体锻炼结合的运动的基本知识。在那里，在令人陶醉的田园风光中，我完成了入门仪式，那一刻我感受到了无上的恩泽。

我也可以讲述中国西南部，邻近老挝和缅甸的西双版纳的傣族人的新年庆祝活动。他们的新年（时间不同于中国传统春节）庆祝活动与马来西亚、越南、柬埔寨和亚洲其他一些地方一样，都是用象征财富和好运的水相互泼洒。街头巷尾都有"埋伏"，皮卡车上挤满了搞笑的年轻人和老年人，他们拿着装满水的塑料枪，穿梭在城镇和村庄之间，不会放过见到的任何人。在这个盛产优质茶叶的地区，欢乐是一种信仰。

在毛里求斯大使、罗马尼亚大使和他们的夫人的友好陪伴下，我们来到这里庆祝这一重要的文化节日，作为新时代的使者受到了热烈欢迎！新华社的一位高级官员明确地向我解释说，这里与中国进一步发展国际茶叶贸易的宏伟蓝图关系密切，他们要以最优品质为基础，向世界证明中国茶叶是世界上最好的茶叶。毫无疑问，这张蓝图将最终成为现实。其中一位这片土地的主人，被誉为富产的布朗山茶叶之王的人，向我吐露了他的愿

以意领气，以气领形

即兴的集会

望：用自己精选的一系列优秀产品征服欧洲。二十多年前，这位四十多岁的男人白手起家，如今，这位友善、内敛的男人正带领整个家乡乃至更多的地方致富，这要归功于他建立在国内外贸易基础上的茶叶帝国，他的茶叶是最精致的，但也是最昂贵的。是的，在中国的许多领域当中，质量已经成为成功最有力的根基，过去的中国曾经以低端产品供应商的形象为世界所熟悉，导致他们难以开发和销售高端商品。那样的时期似乎已经成为过去。现在，中国国内市场的需求也极为巨大。

　　生活在中国，我遇到了许多令人惊叹的杰出人士，我很高兴在此提到其中一位中国大型金融集团的董事长。这位先生是以北京和香港为基地的亿万富翁，他对艺术，尤其是抒情艺术有着强烈的热情。他既是赞助人，也是歌剧领域若干本专业书籍的作者。在过去几年中，他将大量财富和时

分享零食

间都用于组织顶级国际艺术家参与的盛大音乐会，并邀请批评家，以及来自不同阶层的业余爱好者参加，每到这些时刻，他的眼睛都会像孩子一样闪闪发光。最重要的是，这位独特的人物很高兴分享他对优雅和才华的极度的热爱，就像一位热爱促进中国与西方之间文化和睦的自然大使，这已经成为他的骄傲。这是一个很好的例子，让大家意识到，那么多无所事事、闷闷不乐的富人们其实有太多的事情可以做，当然，各行各业其他的对各种艺术有兴趣的人们也完全可以投入到类似的行动当中。

行走在中国，还有其他许多地方给我带来了非同寻常的感受，至今仍记忆犹新，内心向往不已。我很高兴能够挖掘出其中的一些记忆，与大家分享我作为一名幸运的、得到授权的旅行者和鉴赏家的所见所闻，了解这个既拥有迷人历史又高度现代化的国家。

"尊敬的外国朋友，我邀请你来中国，感谢我的中国朋友，让我在中国有在家的感觉"，由我自己演唱的纪录片主题曲就是现实最真实的描摹。让我们张开双臂！

7. 二锅头和酒文化

　　北京红星酒厂腾腾的蒸气仿佛在不断讲述着这座城市辉煌的酿酒历史，而其源头可以追溯到800多年前的元朝。无论是家庭聚餐、朋友聚会，还是其他正式场合，中国人都喜欢饮用各种白酒来助兴。中国人在向客人敬酒时喜欢豪爽地说"干杯"，意为把杯里的酒一饮而尽。瓶装酒包装形式日益新颖，某些白酒的价格还会因其品质和生产年份而飙升。

　　当然，关于中国人的白酒，我还想知道更多，除了自己的好奇之外，也希望能够让我敬爱的读者了解白酒的酿制过程——也许有一天他们也会品尝到这种酒。因此，我来到了北京的这个酿酒企业，当地人最喜爱的二

祝陛下健康

干杯，二锅头伙伴们

锅头就是在这里生产的。在拍摄《奥利弗游中国》系列节目时，我总是喜欢亲自体验，于是这一次我也穿上了酿酒工人的衣服，摇身一变，成为精心制作人们喜爱的琼浆玉露的工匠。这是一项艰巨的任务，也是对我酒量的考验，毕竟时间才刚刚进入下午……首先，要在一口发酵池里混合谷物和酵母，再用一块很重的混凝土板盖住，让这种混合物在里面充分发酵一个月。接下来是酿酒的第二个步骤，我直接"快进"了30天的时间，从另一个发酵池中提取发酵好的酒醅。这道工序叫作"上甑"，我先撒上大量经过挑选的稻壳，和发酵好的酒醅均匀混合，然后将混合物放到甑桶中。甑桶看上去像是一口巨大的盛水锅，但实际上是一套蒸馏装置。整个蒸馏过程分为三个馏分段，为了酿出最好的酒，这三段工艺是十分考究的。第一馏分段的酒还不能饮用，因为里面的杂味太重、酒精浓度太高，而在第三馏分段，酒的度数又太低了，因此，第二馏分段的酒才是最好的！掐头去尾取中间馏出的酒，便得名为二锅头（酒液取的是第二锅的"锅头"酒）。最后，我必须把酒倒进一个巨大的陶质酒坛里（看起来很像丁丁历险记《蓝莲花》封面上的那个坛子），然后小心地密封。装入这个漂亮的中国传统酒坛后，二锅头将被放置在一个温度严格控制的仓库中至少两年时间。至于我，在蒸馏的奇妙氛围中我多次品尝，理由是严格检查产品质量（当然是为了检查质量……）。我承认，多亏了我的司机，他正好

时空穿越

赶回来，把我平安地带到了我要去的地方，让我能够继续认真研究这种令人如梦如幻的文化元素。

　　我来到了北京非常著名的商业街之一，这是一条步行街，只允许一条复古的有轨电车线路运行，无论孩子还是成年人都趋之若鹜。我来到这里，是为了拜访二锅头酿酒技术的最近几代正式传人。在这些可敬的知名人士中，第七代传人早已退休，但依然精神矍铄，第八代传人也上了些年纪，但在我看来却保养得相当好——会不会是白酒的功劳？我不敢肯定。无论如何，我热情鼓励了第九代，也就是现任女传人，他们已经把火炬交给了她，让她追随前辈们的脚步前进。

　　在这个游人如织的商业区，有一座小型博物馆向所有人开放，里面有二锅头所有创始人和大师的纪念半身像，有展现各个时代工人劳作场面的雕像，还有一些和酿酒活动有关的文物与美丽的艺术品、绘画、壁画和雕塑，可见酿酒无论是在北京还是中国其他地方都受到高度重视。

　　我被盛情邀请加入一场欢乐的聚会，享用最传统的中式火锅。欧洲火锅虽然很受当地人欢迎，但其实已经与中国的原版差别很大了，因此这顿美餐当然不能错过。让我感到美中不足的是，我一天的工作还没有结束，还有其他事情要做，所以不但必须提前离席，还被迫违心地作弊了——我假装和友好的同伴们喝下同样分量的白酒，但实际上我的杯子里装的却是纯净水。我很不喜欢这样做，这不是我一贯的风格，但出于职业素养，我别无选择，总之，在享受美餐的时候未能品尝我同样感兴趣的美酒，也让我颇觉得遗憾。

我的新朋友们还在即兴朗诵诗歌——这也是我刚刚开始接受的另外一种中国宴会传统——我却不得不向大家告别，去和拍摄组的伙伴们继续后面的工作了。此刻，我的头脑依然清醒，身体状态也还不错。不过，那些与酒相关的迷人的风俗习惯，我虽然发自内心地喜爱，也只能等待将来有机会时再进一步了解了。

8. 北国明珠哈尔滨

《奥利弗游中国》拍摄的第一站是哈尔滨，这里被恰如其分地称作"北国明珠"。我在精神上应该算作一个地中海人，甚至是热带人，因此对于寒冷的气候或者北方的城市往往很难产生好感，但是这座安静又繁华的城市从一开始就征服了我。这座城市斯拉夫风格浓厚的、略显沧桑的外观可以追溯到19世纪末，当时大批俄罗斯人来到中国东北，修筑西伯利亚大铁路的东部支线，这条传奇的铁路直通海参崴，也将莫斯科和北京连接起

欢迎来到百年前建成的宫殿

向大佛致敬

来。俄罗斯文化的影响力迅速在哈尔滨弥漫开来，留下了大量美轮美奂的建筑。伴随沙皇俄国的崩溃和布尔什维克革命的胜利，这座城市又开始成为白俄和俄裔犹太人的避难所。1946 年，当中国人民解放军将旗帜永久悬挂于此，哈尔滨才最终回到祖国母亲的怀抱。

如今的哈尔滨因国际冰雪艺术节享誉世界。驰名中外的还有哈尔滨啤酒、哈尔滨音乐学院、犹太人博物馆及著名的哈尔滨工业大学。无论哪一次来到哈尔滨，当地女性惊人的高贵与优雅都令我印象深刻。当冬季西伯利亚寒潮肆虐时，这里的女性却穿着时髦而独特的衣裙徜徉于步行街——精致的靴子，华丽的外套，俏丽的帽子，雅致的围巾，仿若严寒中一朵朵尽情绽放的花儿。

我因拍摄《城市之间》与哈尔滨结缘，随后又因《奥利弗游中国》的两集微纪录片的拍摄工作回到这里，这次我必须更充分地了解它，以便在片中更好地分享给我的电视观众们。我还将借此机会在这里取景，用于我几周前刚刚在法国里昂一家著名爵士俱乐部录制完成的中文歌曲《我爱你》的视频画面。徜徉于街巷，我闯入了马迭尔宾馆，这家名字来自俄文"现代"音译的宾馆是哈尔滨浪漫历史的重要组成部分。这座宾馆曾经是

辉煌的冰雪之城

瑞士人的作品当然是钟表

那个光辉年代哈尔滨政治、文化、美食和节庆的中心，是当时远东地区一张耀眼的名片。它建于 1906 年，创始人为一位来自俄罗斯的犹太商人约瑟·开斯普（Joseph Kaspé），其家族于 20 世纪 20 年代获得了法国公民身份。1933 年，约瑟的儿子西蒙·开斯普（Simon Kaspé）被一名服务于日本人的俄罗斯暴徒绑架、折磨和杀害。这桩可怕的惨剧震惊了全哈尔滨的犹太人，在可怕的死亡威胁下，成千上万犹太人决定尽快逃离，去往中国其他未被日本占领的地区避难，还有一些人去往欧洲，甚至也有人返回已经被称为"苏联"的故土。

曾经繁华的城市一度沉沦……

一个世纪之后，在五洲传播中心的摄像机前，我正向路人售卖着马迭尔宾馆那著名的马迭尔冰棍。许多路人看到一个高大的西方人站在他们熟悉的地方，做着他们熟悉的事情，都大吃一惊，这真是有趣的一幕。不过，这并不妨碍他们像往常一样，把冰棍放到普通的袋子里就离开：−20℃的温度足够确保这现在已经遍销全国的本地名品无法融化。在哈尔滨，人们在冬季也会像夏季一样吃着冰棍，马迭尔宾馆前的冰棍摊永远人满为患。过了一会儿，我又穿上好像漫画书里的服装去宾馆门前扮演门童，上前去拉这些衣着华丽的中国客户的行李箱，他们对眼前的一切倍感困惑，但是又不知该说些什么。摄影师则笑呵呵地拍摄着，显然他和我一样，也在充分享受这份工作的乐趣。我就这样愉悦地加入到了当地人的生活当中，享受他们那份安详的心情。这的确是一座独特的城市，气质与众不同。

在这里，我还遇见了一位冰雕艺术大师，教了我不少有关他具备高度原创性和艺术性的职业的基础知识。我们使用的工具有一部钻机、一部抛光机、一部锯子、一部风镐，还有一部电熨斗。万物皆可冰雕，只看你的思想能飞多远，这些艺术家的创造力在世界各地的展览当中大放异彩，而哈尔滨也由此成为新兴的世界冰雪艺术之都。哈尔滨国际冰雪节具备了非凡的吸引力，最宏伟的规模与最大胆的结构层出不穷，令人向往的诗意和

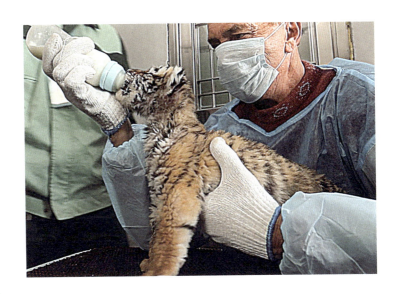

临时保育员

令人疯狂的创造性弥漫在每一个作品当中。这一年度盛会如何形容都不为过，任何有意于或者有兴趣于冰雪艺术的人都绝对不虚此行。

关于哈尔滨的另外一段独特记忆，则隐藏在几公里之外，这里坐落着一座东北虎动物园。东北虎又称"阿穆尔虎"，是得名于中俄之间的阿穆尔河（黑龙江），在该河流域的一些受到高度保护的自然保护区中，还有不少这种无与伦比的雄伟野兽在生活。它们是地球上最大的老虎，一个世纪之前估计还有几千只，但是之后急剧减少，一度濒临绝种，而现在，大约有500只还自由生活在广阔的针叶林中，其中许多都是在圈养中出生的，人类希望借助这些干预来保护和培育这一濒危物种，以避免它们步灭绝的渡渡鸟的后尘，成为人类愚蠢的又一个可怕证据。偷猎东北虎如今是重罪，似乎已经没有什么人敢于冒此大险了。总之，我多么庆幸能带着我的妻子和两个孩子来到该动物园，拍摄这些珍贵可爱的东北虎！

我天生胆大，除了愚蠢和无聊之外，生活中什么都不会让我感到恐惧，这次我决定站到笼子里老虎的位置来进行拍摄。这时，正好一只老虎从外墙跳出来，等着进笼子吃饭和休息，吓得我的孩子们大叫："爸爸，当心！爸爸，别被吃掉！"为了在孩子面前做一回超级英雄，我模仿旁边笼子里老虎的叫声和动作，在笼子里打转并对着摄像机咆哮，而我旁边笼子里的老虎则只想推翻围栏把面前这个厚颜无耻的表演者一口吞掉。在这一方充满刺激气味与独特感受的私密空间，我承认我的肾上腺素与我原始的生存本能一样沸腾了。一只成年雄虎平均体重为 300 公斤，其利爪长约 10 厘米，而其可怕的咬合力可以轻而易举碾碎你的所有……我还被告知，虽然我足有 83 公斤的体重，但是对于老虎只能算是小菜一碟，根本撑不住几分钟。我还得知，这些万兽之王每一只脸上的条纹都是独一无二的，而且除了人类之外，他们没有任何其他的捕食者，当之无愧理应位于食物链的顶端。在这样的时刻听到这样的事情，显然并不会让我得到什么安慰……

随后，我在大王回到它的寝宫之前，勤快地清扫了笼子并在食槽里添置了陛下喜欢的午餐。几分钟的梦幻马戏团客串后，幕帘落下，我重返人间。这回笼子再次关上，保护区的工作人员拉起吊门，以便让刚刚被短暂隔离的野兽归笼。进笼的老虎大声咆哮，吓得我和家人一身冷汗，那神情似在向我吼道："你胆敢再进来！"我回道："吃饭吧你！"我虽然尽量装得傲慢，但心里却在打鼓，毕竟我只是一个卑微的两足动物，而且必须站在坚固的屏障后面，面对的却是动物界秩序主人咄咄逼人的目光。好的好的，你这漂亮的小猫，别吵了，我们就待在那里，不会再进去了，还不行吗？

这不是我唯一一次与这样的大自然珍宝结缘。几个月后，还是在中国北方，我又在沈阳参观了当地最大的西伯利亚虎野生动物园。在那里，人们对那些老虎进行饲养、治疗和照料，并帮助其繁殖，以便让其最终数量超过今天自由自在生活的同类。

在我戴上无菌口罩、无缝防护服和消毒手套后，一头刚出生一个月的毛茸茸的小老虎便被送至我的怀里。我用一只奶瓶给它喂奶，奶由虎妈妈的奶水加上防菌补充医药营养液组成。这些与大熊猫一样被视作中国国宝的老虎，其出生后的最初几周是其存活与否的关键时期。一个高水平兽医

白色国度的王族

团队管理着这座野生动物中心，从而让这些老虎得以在宽广的自然空间里自由成长。每一只新生老虎都有一个编号，但作为对我这位临时保育员的表彰，看见我如此喜欢这头襁褓中的宝宝，大家为它取了一个特殊的名字——奥利弗，而且这个名字将伴随它一生。最近有人告诉我，奥利弗宝宝已长成了一只250公斤的英俊老虎，而且很快就要组建自己的家庭了。有时我在想，要是在森林里和它意外相遇，它会认出我并放我一马吗？我高度怀疑！我宁愿只保留着关于它的小小乳牙和嘤嘤叫声的甜蜜记忆……

9. 佛山，李小龙及龙舟

对于西方人而言，无论以怎样的标准来制定一份中国名人榜，李小龙都一定名列其中。20 世纪 70 年代，他因为在众多动作片当中扮演功夫高手、孤儿寡母的保护者而闻名于世，至今依然在世界各地拥有众多的崇拜者。赤手空拳，见义勇为，在战斗中不时爆发出夸张的尖叫声，李小龙无疑是动作片中最受喜爱的英雄角色，甚至已经成为更广泛的文化领域的不朽形象之一。李小龙家族的老宅位于离香港不远的佛山，由他爷爷修建而成。佛山这座城市不算很大，却是中国功夫的摇篮之一，诞生和成就了很

受到美女们的邀请

姑娘们，跟上节奏

多的武术大师。在传统的建筑与现代化的设施之间，这座城市也成为整个当代中国的缩影：多样，鲜活，呈现着历史与文化的对立和统一。在田园般静美的李小龙公园中央，矗立着全世界最大的李小龙雕像。李小龙的影迷每年都会利用假期来此朝圣，拜访他的老宅、公园和专题博物馆，参观武术中心，观看街头表演。我们在佛山的那些时光，每天都沉浸在传奇的故事氛围之中，但是我会来到这里，却另有原因。

2000 多年来，中国各地每年都会举行一项重大的文化庆典——庆祝龙舟节，又叫"端午节"或者"重五节"（因为节日当天是农历五月初五）。这一节日伴随着许多重要的传统和习俗，有些是为了庆祝气候的转暖，但更主要的，还是为了向一个伟大的传说致敬。

大约公元前 300 年的时候，楚国的大臣屈原，这位博学的诗人因为他的国家被邻国秦国侵略而忧心忡忡，主张联合其他关系更好的国家一起抗衡。然而，他却被诬告背叛了自己的国家，因此受到了冷酷的流放。在写下很多极度悲愤的诗歌之后，他对自己的政治生命和国家的前途都深感绝望，纵身投入了汨罗江。屈原一直深受父老乡亲的爱戴，人们得知这个悲痛的消息后，立即乘船去寻找他的遗体。为了保护屈原的遗体免于被吃掉，人们大声击鼓，敲打船桨以惊吓鱼群，并往河里抛下以竹叶包裹的糯米粽子以喂饱它们，甚至还试图往河里倒米酒来灌醉它们。于是，后来就诞生了每年的龙舟竞渡。在这个法定的传统节日，家家户户都会制作金字塔形状的粽子。粽子的原料是糯米，不同的地方还会加上或甜或咸的馅料，用竹叶或者芦苇叶包裹而成。这些传统为全中国各个地方，乃至于众多的海外华人社区所恪守。当初人们快速划船，惊吓鱼群的行为现在已经演变成了非常专业的龙舟比赛，每艘龙舟拥有大约 20 名经验丰富的桨手，船尾由一名舵手控制前进的方向，船头则有一名鼓手面向桨手，以击鼓来鼓舞士气和协调节奏。岸边总是雷鸣般的欢呼打气，一派节日气氛。龙舟赛中也能见到女性的身影，通常是一些健壮的农村女子，表现不让须眉。在中国，男女平等早已成为各行各业长期践行的基本准则，在运动领域也不例外。

我有幸受到邀请，与一群优秀的选手们一起进行龙舟训练。我被安置在龙舟的中间位置，四周都是如同希腊众神般健美的年轻男子，他们遵循教练的指导和指令，都非常乐意帮助我这个西方新手参与这项激烈的竞

划起来吧，伙计们

赛。龙舟以惊人的速度劈波斩浪，我几分钟内所完成的运动量便与平时一周的总量相当，让我觉得自己似乎瞬间回到了青壮年时期……这感觉真是棒极了！

更妙的是，我未来还将重温这份奇妙的感觉，那是一年后，我又被邀请来到了另外一个地区的另外一条河流上，在国家电视台主要新闻频道的摄像机前参加正式的龙舟比赛。这一次我的角色是鼓手，用粗大的木槌拼命捶着大鼓，队员们则跟着我的节奏努力划桨。直至冲过终点线，听见岸边观众的大声欢呼，我们紧绷的神经才放松了下来。大家纷纷打开啤酒，庆祝胜利。

10. 杭州和传奇的西湖

13 世纪，马可·波罗曾旅居杭州西湖之畔，他将这里称为"天城"，即天堂之城。这块宝地是诸多诗人、画家的灵感殿堂。他们用毛笔为后人描述着此地此景，而这里所蕴含的永恒艺术魅力也让无数摄影家争相按下快门，留下不朽的杰作。必须承认，无论是优美的环境，还是在不同角度欣赏到的别样景致，这片万众瞩目、历史悠久的土地，从任何方面来说都不负其盛名。

因此，我特意前往了著名的西湖，这是中国最大的湖泊之一，但是湖水不深，湖岸边常常挤满了步行或骑行的居民和游客。人们或前往此地享受浪漫的日落，或乘小舟出游，和心仪的人约会，又或是在这片充满传说的水域赛舟，强健体魄。西湖最动人的传说之一便是明珠的故事。相传，生活在天河中的玉龙和金凤把一块璞玉打磨成了一颗璀璨的明珠。贪心的王母娘娘得知这颗明珠的存在后，便派手下把它偷了来，占为已有。玉龙和金凤急忙上门去夺回，双方争抢中，明珠从天而落，化成了波光粼粼的西湖。为了永远守护他们的明珠，玉龙和金凤来到凡间化作了山峰，两座山分别被后世称为"玉龙山"和"凤凰山"。杭州百姓至今还在传诵着"西湖明珠从天降，龙飞凤舞到钱塘"的歌谣。正因为如此，这座超级现代的迷人城市总是萦绕着传奇般的田园色彩。不过，众所周知，过去、现在和未来的彼此碰撞和融合，在中国总是格外常见，这也许与中国人内心深处

黄昏中的美丽新娘

始终存在的儒释道的平衡与交汇不无关系。杭州就是这方面最典型的例子
之一，这座田园牧歌般的历史名城，现在恰恰成为中国互联网行业的代名
词，甚至赢得了"智慧城市"的称号，这是因为人工智能已经深度渗透到
了这座城市当中，各种与居民日常生活息息相关的创新科技不断在这里得
到开发和应用。杭州是全球最大的电子商务平台——阿里巴巴集团的总部
所在地，集团的子公司支付宝也在中国互联网支付领域扮演着至关重要的
角色。综合性服务和多应用体验、城市空间的联通和通用数字化，这些构
成了杭州积极建设的试点城市方案的核心，城市的发展计划转化为日常生
活中的新鲜事物，尽管出人意料，但早已适应现代化发展速度的中国年轻
人很快便能接受。

　　于是，我决定在此展开一场探索之旅，看看我的一天将遇到哪些新鲜
的变化。我已经走过了热衷于创新的年纪，而且说实话对一些可能会导致
破坏自由、虚假信息或风险失控的科技发展颇为警惕，但我依旧对一切将

浪漫如火

创造未来的，或者是正在改变当下的事物都保持着极大的好奇心。在中国，在小摊上买个冰激淋或者是在路边租用一辆自行车，都不必动用实体货币。从街坊小店到大型超市，它们都在互联网的覆盖之下。正是在最近的一处超市，我获得了一种在我看来是很前卫，但其实早已为太多中国人所熟悉的购物体验。我进入超市，拿起一个联网的购物袋，然后在货架间穿行，把所有我认为需要的物品放入袋中。到达收银台后，我无须等待，也无须取出商品逐一扫描条形码，只需要在智能手机的应用程序界面上进行几下简单操作，一秒钟之内，一切商品都在瞬间得到精确的识别和说明，购物清单与付款确认选项同时出现，出口也自动为我开启。

一种新型的智能餐厅也是如此。在这家餐厅的入口处，以合适人类查阅的高度摆放着详细的电子菜单，配有精美的菜肴照片。我只需使用手机扫描，然后点击屏幕上想要尝试的菜品，订单信息就会被发送到厨房。几分钟后，手机嘟嘟响起，信息通知我菜品已经完成，到某个号码的储物柜中取回即可。我来到储物柜前，将手机靠近，柜门便自动开启。食物装在袋子里，放置在保温托盘中，我可以堂食，也可以带回去享用。天性热爱

工作结束，来个造型

社交的我自然选择在此就餐，邻桌的人们微笑着看着我，似乎对我的惊奇感到很有趣，主动和我攀谈起来。显然，这些算法时代的年轻人早已快速习惯了这样的生活。值得一提的是，一半的中国人口拥有智能手机，意味着来自各个年龄段的 7 亿中国人都在通过自己小小的触摸屏接入世界。银行卡几乎不被使用，支票早已不复存在，只有摇摇欲坠的纸币依旧孤独地对抗着信息时代不可逆的冲击。就个人而言，秉着自由选择的信条，我几乎条件反射地捍卫这场已经席卷全球的实体货币防御战，这或许源于我对现金支付这一传统方式的习惯与偏爱，但不论如何，我都依然坚信，现金支付理应与计算机解决方案长期并存。我并不是一个不讲理的保守主义者，我只是在任何时候都希望能够找到更好的解决方案。

如果一切都百分之百通过网络来实现，那么我们可能会失去人与人之间最基本的，也是弥足珍贵的交流，比如，失去与普罗旺斯市场上一个性格开朗的鱼贩打交道的乐趣。正如美食并没有被泛滥的垃圾食品所取代，我坚信未来世界无论如何也必须明智地在进步与传统、现代主义与乡村主义中找到折中点，既保证我们的生活品质，又能通过联通过去与未来的方式来确保我们的文明传续不至于成为科技进步的牺牲品。中国精神正是基于这样的原则而形成的，拥抱新事物的同时尊重旧传统，这无疑是值得效仿的。技术的发展总会带来让人不安的副作用，而任何有助于减轻这种副作用，让我们可以在享受更多的生活便利时更加安心的东西，无疑都是美好的。

这种乐观的想法让我的心情平静下来，来到一片凉爽的山地暂避暑意。这里出产的杭州龙井久负盛名，在世界上几乎所有的高档沙龙和精致的生活圈子中都可以看到这种绿茶的身影。不过此地同时也出产其他同样可口，同样广受欢迎的茶种。茶农们居住在舒适的房屋中，开着漂亮的轿车，脸上挂着笑容，一看便知他们的事业正蓬勃发展。肥沃的山丘上，茶林繁茂，这些茶叶正日益受到全世界的喜爱。没有什么比看到人们幸福地生活更令人欣慰的事了，幸福感是可以传染的吧？

11.昆明马拉松

在码头上邂逅红嘴鸥

　　一年一度的昆明国际马拉松比赛不仅汇聚了来自世界各地的专业和业余选手，而且近年来还集合了前来参加上海合作组织亚洲论坛的中国、俄罗斯、哈萨克斯坦、印度、巴基斯坦、伊朗、吉尔吉斯斯坦、塔吉克斯坦和乌兹别克斯坦等国的外交官们。昆明位于中国西南部，是国内最令人感到惬意的城市之一。这里大学云集，是一个高度活跃的学生大都市，同时几十年来，矿业和中药材采集、种植行业不断发展，成为这座城市的主

在码头上邂逅红嘴鸥

业，不过，当地最亮眼的标签依然是宜居。

这座海拔 1900 米的高原上建立的城市，无与伦比的自然风光和源于内在的祥和安宁都令人印象深刻。这座城市被誉为"春城"，从城市中心到周边地区，多达 400 种花卉在各处竞相绽放。无论是自然公园或针叶林，还是佛教寺庙或博物馆，有太多的地方等待着这些在滇池或流经城市的盘龙江边驻足的游客们去探索。当地充满田园风情的水滨因成千上万的红嘴鸥而闻名，这些鸟儿每年都进行迁徙，从西伯利亚来到昆明越冬，之后又从此地返回寒冷的家园。昆明是它们唯一的冬季栖息地，长久以来，这座城市都是这种鸟类在其漫长而危险的旅途中不变的重要一站。每年的秋季和春季，当地人都会在城市的码头上聚集，来观看一年一度的奇观。换言之，昆明的人类马拉松总会与这群自由而叽叽喳喳的鸟儿的自然马拉松相伴，差别只在于后者的路程和时间来得更长。

小人国主题公园是昆明乃至中国最不容错过的去处之一。这是一个由一百名矮人组成的景点，一个位于世界最大的昆明世界蝴蝶生态园内部的世外桃源。矮人们会在这里表演舞蹈、歌曲、体操和模仿秀，令游客们度过难忘的欢乐时光。当然，这种带有争议的娱乐活动曾遭受不少组织和记者们的强烈谴责，但员工们齐声回应说，首先，在世界上的其他任何地方，他们原本也经常受到歧视，更重要的是，在这里，他们不仅能够获得艺术上的认可（在童话般的环境中打扮成精灵、小丑、骑士和仙女），还能够获得收入、住所，以及充满团结友爱的归属感。尽管我们仍旧有权去质疑人类娱乐风俗的这种奇特体现，但是我们也不得不相信，这里的每个人都在对他们而言最体面的条件下找到了自己的立身之所。毕竟，每个人都有自由选择的权利，不是吗？

在为期三天的比赛中，马拉松本身成了整个春城举行会议和庆祝活动的绝佳时机。超过 3000 名志愿者为这个赛事服务，2 万多人报名参赛，最年幼的选手只有 2 个月，坐着婴儿车参赛，而最年长的选手，今年 92 岁。我被赋予了发枪这一崇高任务，和我一起的还有 30 多位中国官员和

预备——

外国外交官。看台上，我们整齐地排列成圆弧状，举起各自手中的发令枪同时扣响……比赛开始！来自不同国家、不同种族的参赛者们向着远大的目标而奔跑，并非所有人都会完成最标准的 42 公里的全程马拉松，有些运动员也会参加"只有"21 公里的半程马拉松。

　　至于大使和外交官们，他们则受邀在摄像机前参加一场数百米的小型比赛，来自世界各地的记者将对此进行报道。再一次，我被要求加入其中，而我显然没有理由拒绝。我像火箭一样起跑，回头看时才发现自己已经把众人远远地抛在后方。于是，我半路调头加入其他参赛者的队伍，然后以符合大家节奏的速度前进。这新的速度显然更适合我的年龄，哪怕我内心始终满怀年轻的热情，并且刚才还曾经在热情推动下不那么"得体"地飞奔……最后，伴随跑在最前面的人胸部接触到标识终点线的丝带，我们几乎是同时结束了比赛。这是一场各国全权代表间的特殊公开赛，选手年龄大多都超过了 60 岁，在昆明的阳光下，他们勇敢迈出了愉快的一步。

冠军来自东非

　　为他们感到自豪的各国代表团，以及略显困惑但热情友好的观众为我们献上了阵阵掌声。之后，我们一同来到不远处开阔的湖滨广场，这块空地连接着码头，位于群山环抱中美丽的滇池边。一位热情的志愿者给我递来一个小碗，里面装满了一种看起来非常美味的植物种子。毫无疑问，这是为了给我们补充能量，让我们在高温的奔跑过后恢复些许的活力……所以我抓了一把，还赶紧把它递给我身边的其他选手，首先是和蔼可亲的俄罗斯大使，然后是哈萨克斯坦大使，然后还有其他人。每个人都对我的友好举动表示感谢，并马上吃了起来。就在这时，一位中国官员突然来到我们中间，似乎被眼前的景象惊呆了，我们对他报以微笑，并且伸手请他分享食物。"这不是给人吃的。"他沮丧地解释道，然后抓过我的碗，将种子倒在手里，突然高高举起……一只红嘴鸥，两只红嘴鸥，然后越来越多的红嘴鸥飞了过来，从他的手中叼走食物，这时我们才恍然大悟，我的无知竟导致我们极为默契地分享了鸟儿的食物。在一片笑声中，我连连道歉，每一位大使都笑着拍了拍我的肩膀，或者跟我握了握手。我长出一口气，还好没有闹出外交事件！

请嘉宾喂食红嘴鸥，其实是在昆明已经成为某种仪式的常见做法，这些鸟儿在你张开的掌心啄食时，仿佛在上演敏捷而动人的芭蕾舞。这个有趣的仪式让所有旁观者都沉浸在快乐之中，参加活动的记者们用相机镜头记录了这一美好时刻。几个月后，我在北京的一次官方鸡尾酒会上偶遇了俄罗斯大使。看到我的一瞬间，他惊呼道："是你，让我们吃鸟食的朋友！"然后，在他雷鸣般爽朗的笑声中，我突然觉得外交似乎是一个特别适合我的圈子……

我和其他几位共享鸟食的外交官们一同喝了几杯香槟，那天晚上我成了这次官方酒会中的快乐使者，一切都被摄像机记录了下来。以后我一定要多参加这种活动！智慧而不失狡黠，外表的幽默与内在的忠诚并行不悖，思维时刻保持开放，这些都是领命奔走于世界各地的最优秀的高级外交官们共有的特质。不论身份与地位怎样，只要环境允许，拥有相同理念与追求的人总会走到一起，而中国正是这种有趣又有益的邂逅发生的理想之地。

12. 定西和马铃薯

位于西北的甘肃省无疑是中国最典型的农业省份之一。自古以来，这里靠近黄河支流的地理位置以及半干旱的温和气候都有利于各种作物的生长，尤其是药用植物。众所周知，世界各地的华人都是中医的忠实粉丝，而这对于甘肃的农民无疑是重大的利好消息，因为他们恰恰是全国草药重量级供应者。在这个几乎适合所有植物生长的地区，人们也常常在山坡上种植各类果树。在日出和日落时，柔和的光照下，连绵的山坡果林被光线染成各种不同的颜色，呈现出令人叹为观止的壮丽景象。甘肃省全年出产

在农场找到新工作

各类水果，还盛产胡椒、坚果和蔬菜。

不过，在这片田园诗一般的地区，真正吸引我的却是另外一种植物，它既是法国美食的核心元素之一，也是我惯用的烹饪食材——马铃薯。中国各地的马铃薯消费量正在不断增长，而甘肃的定西正是全国马铃薯的三大产区之一。中国中央政府正在大力鼓励马铃薯的种植，因为与曾经的粮食霸主大米与小麦相比，马铃薯具有多方面的优势。马铃薯不但符合营养多样化和可持续农业的理念，而且所需的水分和肥料来得更少，更能够适应多种不同的气候条件，每年还可以多次收获，有助于保障粮食安全。最后，这还有助于巩固中国作为马铃薯第一生产国的地位——也许这一点尚不为许多人所知。显然，这种农业专业化的方法在中国有着光明的前景。几个世纪前才从秘鲁安第斯山脉走出的小小植物块茎，已经在中国怒放出崭新的花朵！

比如我刚刚参观的一个当地合作社，每年就种植超过 500 万枚马铃薯。这个合作社由一群农民共同经营。他们从政府那里获得补贴，购买了拖拉机和一整套设备，各司其职。他们还会使用互联网，或者更准确地说，是由其中最年轻的农民负责合作社的在线订单，并在电子系统中管理他们在全国的所有业务。他们告诉我，工作方式的技术性变革大大提高了马铃薯的产量，改善了农民的生活，越来越多的年轻人不再追随大流前往都市，现代化的设备以及可观的利润让他们选择留在家乡从事这份职业……

如今，人们不再靠双手挖掘果实，更高效的拖拉机可取代人工完成这项任务。我提出驾驶其中一台机器，一群笑容满面的农妇随即跟在机器后方，弯腰捡拾我操纵机器从地里挖出的马铃薯，轻轻地抖落上面的泥土。儿时的梦想成真了，我在这里成为了一名自豪的农夫，驾驶着一辆闪闪发光的大型拖拉机在中国山区的田野间穿梭，专注于自己的辛勤劳动。然后，我再和当地人一起继续后面的工序，根据大小对马铃薯进行分拣和包装，以便运往全国各地。这里生产的马铃薯以其优越的口味和质地而享有

美味出锅了

盛名，收获了众多都市餐厅老板的肯定，有时他们还会提供特殊的薯种给农民种植并定向收购。此外，马铃薯也会被冷冻或用其他方式加工以供出口。这也是一个证据，显示全球化的影响正在扩展到之前曾经被忽视的广阔地方。

在离开热情的新农民朋友之前，我决定为他们制作一道我幼时在里昂常吃的、非常传统的美食——法式奶焗马铃薯！十几双眼睛团团注视着我，不肯放过我的每一个动作，忙碌了一个小时后，我请大家共同品尝了这道简单却美味的罗讷河谷地区风味美食。

从那时之后，我时常会高兴地想象，也许这片山村的农妇们会以完美的方式再次烹制这道里昂妈妈们的拿手菜。正是经由世界各地伟大的母亲们的双手，这不起眼的块茎在厨房中变成了人人喜爱的美味，马铃薯已经成为全人类共同的挚爱！

13. 福鼎白茶和霞浦的水上房屋

茶在中国占有极为重要的地位。它不仅仅是一种随时随地可见的日常饮品，更是中国最古老、最活跃的文化的一部分，对于中国人来说根本就是须臾不可或缺的。茶神话般的历史可以追溯到近 5000 年前，在那之后的一个个世纪和朝代更替中，它对人类生活的影响与日俱增。

传说神农帝在树荫下烧水喝的时候，一片叶子落到了他的罐子里，罐子里的水迅速改变了颜色，让他非常吃惊，然后神农尝了尝这种天然混合物，发现味道很可口。原来，这棵树正是一棵野生的茶树，而神农刚刚发

茶是一种仪式

与水上女士会面

现的饮料便是后世的茶，最初因为滋补和放松的功能而受到人们的喜爱，而之后又很快被当作是一种药物，咀嚼后服用。可是，茶叶原本的味道太苦，人们又想到烤制它来改善口感。富人把茶看作具有多种功效的神药，而道教和佛教则把它当作神圣的灵药，有助于保持头脑清醒、促进冥想，还可以保护身体免受毒物侵害。茶叶最早在中国的西南地区种植和消费，然后逐渐传播到长江沿岸，直到整个中国。后来，朝廷的大诗人们把茶当作他们的灵感源泉，大规模的茶树种植使茶在全国各地甚至国外流行，同时茶的口味也变得多样化。如今，中国已成为世界上最主要的产茶国，每个省都有很多茶馆，茶馆里有一整套按照规则准备和提供茶的仪式，甚至发展成茶艺。在漫游全国各地的旅途中，我一次又一次地获得机会，去目睹这种对"绿色黄金"的崇拜，每次都是精神上的盛宴，也是味觉的享受。我虽然称茶为"绿色黄金"，但它的汤汁其实也有黑色、烟熏色、黄色、暗红色，甚至还有白色。

　　白茶口感丰富而有层次感，香气无与伦比，被一些人认为是"茶中鱼子酱"，正是为了寻找这高贵的品种，我踏上了前往中国东南部福建省福鼎市附近的太姥山的道路。我现在爬上了一条非常陡峭的小路，朝着负责手工采摘白茶的年轻女孩们所在的方向前进，这种珍贵的植物就生长在这座圣山的绿色山坡上。有一个古老的传说，东海诸仙每年都要在太姥山相聚，因此这里又被称为"海上仙都"。每年春茶季的前三天采摘的白茶品质最高。这时人们只采摘小的、仍然闭合的嫩芽，再带上两片最嫩的叶子，然后将它们在露天晾晒 2 至 3 天，萎凋、干燥后即可上市。从采摘直到包装运输前的最后分类，制茶过程全部都由手工完成。这就解释了为什么在西方城市一些高档的茶叶店，茶叶的售价有时会非常昂贵。不过，这种茶叶的畅销使整个地区都从中受益匪浅，大面积种植收获了大规模的成功。据估计，在中国生产的 300 多万吨各类茶叶中，白茶每年有 8 万吨左右。

因此，我在美丽的采茶者的欢笑声中，开始了对这一茶中珍品的探索。出于拍摄的需求，采茶女们都戴着草帽，穿着花衣服，像是一个乡

霞浦的渔业世界

村广告，然而一切都很真实，好吧，除了白衣上的蓝色花样过于整齐划一……事实上，眼前的山坡是一望无际的绿色，可是为什么我们一直都在说"白茶"？常见的说法是，暂时覆盖在这种独特植物嫩芽上的可爱的银色小绒毛在干燥过程中会变成白色。我还了解到，该地区生产的这种名茶不但味道优雅，而且氨基酸含量高于其他茶类，据说它还具有食补功效，有助于保护心脏、牙齿、生育能力和大脑健康等，我不知不觉就爱上了这"茶中女王"。

六个月以后，我又回到了福建省，具体来说是宁德市下属的霞浦县，离福鼎市其实很近。这是一个水上世界，大多数渔民都住在风景如画的水上房屋里。几个世纪以来，鸟类、鱼类和人类一直完美和谐地生活在一起。在秋季一个美丽的早晨，我拜访了这些渔民中的一户。

乘坐一艘乡村小船行驶了短短几公里，就见到了接待我的陈女士，她是一位迷人的年轻母亲，热情好客，向我介绍了这个地方。从第一眼开始，我就被这片110平方公里的田园水域的风光所吸引，无论是捕鱼、种植海藻、采集海鲜，还是驾驶船只在海中航行，一切都保留了最传统的方式，几个世纪以来几乎没有变化。我首先帮陈女士修补一张大网，如果不想看到被捕的鱼从破洞里逃走，就必须小心翼翼地完成这一任务。然后，我穿上一套特殊的服装，一件非常漂亮的卡其色和绿色连体衣，穿上它就可以在潮汐退去后的沼泽地里自由行动，哪怕泥水深到臀部都不怕。垂直的网挂在高高的杆子上，挡住所有道路，最后的去处是一个漏斗式的网底，困住那些冒险进入而无路可逃的小鱼。

一条两个多世纪前建造的狭窄的全木制汐路桥至今依然是大陆和对面小岛间的重要通路，由修桥者的后人世代养护。涨潮时，木桥会被海水淹没，而退潮时，渔民们就会带着渔网和鱼篓踏上小桥，穿过这片肥沃的沼泽地，用鱼或者其他海鲜装满自己的鱼篓。我也在小桥上走了一公里多，内心觉得格外充实，装满了乡村的友爱和团结，以及这种远离现代都市喧器与狂躁的简单生活的温柔感。这是人与自然的共生，会唤起真正出自我

霞浦的水上房屋

们本心的喜悦，真所谓"偷得浮生半日闲"了。然后，我将小鱼绞碎制成的酱倒入水上房屋周围的大型网箱里，作为大鱼的食物，后者长到一定的尺寸就可以送到市场上出售。我拿起抄网，一下子就捞上来一条大鱼，足够全家人美美吃上一顿。妇女们还忙着从她们的水产养殖场采摘大海带，挂在插在水中的竹竿上风干后紧紧捆扎起来，再由壮实的男人们装到板车上拉走，最后送到市场上出售，成为炖汤或者做菜的材料。这海带是百分之百的有机产品，保证原产地和纯度。

在附近的山区或者其他海岛上，人们的主要生产活动如祖辈一般，依然是捕鱼、收获丰富的海产品，以及种植一些适应当地常年潮湿气候的豆类作物。人们无时无刻不在辛勤劳作，只会被频繁喝茶打断，或者因为恼人的季风来袭而不得不暂停几天。这是一种有节制的劳动生活，胸膛里充满了振奋人心的海浪，没有任何喧嚣或特别的压力。我很高兴见到这些谦逊而平静的人，他们的生活让许多城市人向往不已，因为后者的生活环境压力巨大，甚至让人难以呼吸。在告别陈女士之前，她带我去参观她的房子，这房子随着大海的波浪而轻轻起伏，那摇晃的节奏让人放松。她儿子在附近的陆地上学，每天晚上乘往返于学校和水上村庄的通勤小船回家。令我非常惊讶的是，用新木料搭建的屋内，设施非常完美，生活用品应有尽有，家用电器都是最现代的，这个房子的空间也刚刚好，令人感觉非常舒适。我可以满意地得出结论，社会的进步和国家财富的再分配在这里得到了证实。很多东西都是眼见为实，而在千里之外空想，恐怕就真的差之千里了。行万里路胜过读万卷书，有时是千真万确的……

正常情况下，太阳能就足以确保房子里的一切正常运行，除了大批量的生活用品采购外，基本也不需要去陆地，因为还有一艘杂货船每天绕着这个巨大的浮动庄园航行，穿梭于无数分散的房屋和被开发的水产养殖场之间。陈女士准备了鱼和蔬菜等美食，我和她的丈夫以及他们最要好的邻居朋友分享了这顿大餐，现在终于到了我要离开他们回到陆地的时间。

你知道吗？这整整一天里，我始终有一种非常强烈的愿望，想和这些水乡人在一起，参与他们的活动，在他们的环境中生活上一段时间，关于他们的这一切就像他们本身一样令人喜爱。可是，《奥利弗游中国》不得不按计划推进下去，但我相信，我可能很快就会回到我现在正在笔记本上打字描述的这个迷人的地方，然后把所有的时间都花在那里。到时我定将从容不迫，好好享受。陈女士和他的家人们说，他们期待着我向其他人介绍他们的养殖活动，也期待着我能像他们一样生活一个星期，我欣然接受了这个真诚的邀请，并承诺我将遵守约定。

14. 红色延安

　　夏末，我的拍摄之旅来到了延安，陕西省一座环绕着山丘和麦田的地级市。我来到这里，是为了追寻埃德加·斯诺（Edgard Snow）曾经的足迹。这位酷爱冒险的美国记者曾游历中国多地，还去过东南亚，撰写了大量关于当地各种社会运动的文章，1936 年，埃德加·斯诺终于踏上了延安的土地，来这里拜访毛泽东。当时，这位中国共产党的政治和军事领导人正居住在距离延安稍远的保安（今志丹县），指挥红军作战。毛泽东亲自带领的中央红军在大约一年前辗转来到了陕西北部这块新的根据地，而几个月后，其他红军主力也将到此会师，宣告这一艰巨的战略转移的圆满结束。

　　那时，中国陷入了严重的分裂，未来难以预见。日本人已经侵占了中国的东北地区，还在加紧渗透华北地区，但与此同时，国民党军队对共产党军队的"围剿"还在激烈进行（他们几个月后终于临时联合起来，与可怕的日本侵略者展开了多年的战斗）。斯诺的西北之行正是在这样的背景之下展开的，这位坚定的人道主义者想深入到中国共产党世界的内部，去了解这些革命者的所作所为和理想信念，而在当时，他确实也是唯一一个能够获得如此机会的西方人。由于斯诺会说中文，他对共产党领导人、士兵、农民和工人，乃至毛泽东本人的采访都很顺利，尤其与毛泽东相处得很好（经过这几个月的交往，他成为这位未来中国领导人的知己）。

踏上历史的道路

　　西北之行结束不到一年后，斯诺就根据采访内容完成了《红星照耀中国》一书。该书的出版引起了世界范围内的轰动，让斯诺本人声名鹊起，但是这一成功也招来了美国保守派的愤怒和仇视，他们指责斯诺是红军雇佣的可怕的宣传者——若干年后，在麦卡锡主义的迫害之下，他被迫流亡瑞士，并最终病故于异乡。

　　中国给予斯诺很高的荣誉，学校的历史课教学也一直把他作为一名可敬可爱的友人乃至同志的形象来介绍。对于斯诺和他的《红星照耀中国》，西方世界历来不乏争论，但是只要能够做到摒弃偏见，每一位读者都无法不承认，他进行了一次开创性的旅程，为大家奉献了自己对当时方兴未艾的中国革命运动独一无二的认识！

　　近80年后，我和当年的斯诺一样，穿上了当地农民简朴粗糙的服装，行走在乡间小路上。我唯一的伙伴是一头懒散的驴子，嗡嗡作响的无人机似乎总是让它有点心神不宁。烈日当空，万里无云，我们缓缓行进，无人机在上空拍摄，而我则自言自语般地讲述着自己这场旅行的历史内涵。

　　终于，我们到达了当年的小镇，而我本人也换上了1936年红军士兵所穿的同款衣服——当年的斯诺到达陕北后，为了让他能够更方便地进行

我们现在是同一支队伍

采访，红军也为他配发了一套崭新的军装。遗憾的是，我很快就发现，发给我的军装并不是量身定做的，让我看起来笨手笨脚，完全没有军人威严的风范……但是，这并不妨碍我高兴地接受了它，并对它满怀尊重。

在那些特别的日子里，作为记者和作家，斯诺还为自己未来的惊世之作拍摄了许多照片，而其中就包括毛泽东最著名的肖像之一。据说，那天毛泽东没有戴帽子，斯诺便将自己的新军帽戴在了他的头上，而尺寸恰好非常合适，于是便留下了一张永载史册的照片。斯诺后来一直保存着这顶军帽，直至他逝世之后，家人又将这历史的见证品赠送给了中国，被珍藏起来。正是这种淳朴的故事，经过润色后，造就了每一个传奇，构建了历史。当初曾经微乎其微的细节在后人的心目中已经成了光辉事迹。

如今，延安已成为中国人非常喜欢的旅游目的地，他们从四面八方来到这里，参观所有这些历史遗迹或重建的故址，让自己沉浸在中国共产主义的理想信念中，想象先辈英雄们的日常生活。延安的博物馆还保存了大量艺术作品的遗存（文本、歌曲录音、舞蹈和戏剧的照片等），因为当时的革命者为了娱乐，为了宣传，更为了表达他们对自己事业的信念，创作了大量的作品。所有这些艺术形式当中，歌曲无疑是最常见的，而这种艺术传统一直延续到了今天——在延安，人们依然随时随地都可能自由地歌唱起来，哪怕是在邀请客人品尝当地特产的荞麦面或者红苹果时。

　　虽然有着浓烈的历史气息，但是延安的气氛并不会因为怀旧而显得低沉，相反总是相当欢快的，充满着爱国主义的乐观和浪漫气质，同时不失教育意义，而这一切又都可以高度概括为四个字——红色旅游。现在延安已经成为中国红色旅游的首选目的地，这种高收益的经济活动促成了当地机场的改造，铁路网的升级，以及高速公路的普及，更创造了数以千计的就业机会。这也使得延安在一定程度上成为今日中国的缩影：一边缅怀历史，牢记初衷，一边以史为鉴，开创未来。

15. 魅力之城青岛

"在你眼中，中国最美丽的城市是哪一座？"这个问题我已经不知听到过多少次，但是要回答它却总是那么难，毕竟我已经领略了不少城市独有的个性，它们彼此差异巨大，根本就无从比较。这些城市最初诞生时，或许还有着彼此相近的朴素外观，但是伴随历史的发展和时代的进步，当它们成长为今天的大都市甚至超级大都市时，就已经迥然不同了。在中国的东西南北，到处都有这样的中心城市，每一个的独特魅力都让人沉醉。这

干杯！我是酿酒师

些魅力成分复杂，比如一部分可能是来自依然存在或者已经与其他民族融合的当地少数民族，还有一部分甚至可能是来自独特的气候，后者又会造就独特的饮食口味，推动着当地的烹饪技术向着独特的方向发展。面对这些不同的城市，不同的氛围，乃至不同的文化，人们又该如何去比较？因此，当我必须认真作答时，我更喜欢给出"十大"这样的答案，即列出我最喜欢带着自己的朋友去往的城市。当然，在有限的时间内只能拜访有限的地点，带着朋友们来感受中国的魅力，这样的选择其实一样不轻松。

无论怎样，青岛都会位居我的选项当中，来到这座山东省的海滨城市，生活似乎总会变得温柔甜蜜起来。尤其是夏天，当人们想要逃离600公里以北的首都的闷热时，正好可以来这里，感受海洋的清新宜人。曾经，这里一直是个宁静而悠闲的小渔村，直到1897年，威廉二世（Wilhelm II）的德意志帝国将其强占，作为服务于第二帝国的军事和商业港口。然而，德国占领者至少做了一件不为人诟病的事情，就是在那里开设了一家巨大的啤酒厂。1914年，青岛又被日本人霸占，直到1922年才重归中国版图，而这家酿酒厂在历史的巨变当中一直得以保存。一个世纪后的今天，我带着《奥利弗游中国》的镜头参观了这座著名的啤酒城市——现在，"青岛"这个地名同时也是当地啤酒的商标，行销全球，成为中国出口量最大的啤酒。至少在这件事情上应该对德国人说一声"谢谢"，由于你们的"遗产"，中国啤酒现在已经在全世界遍地开花。青岛每年都会举办一个欢乐、有趣而且充满艺术气息的啤酒节，聚集来自世界各地的啤酒爱好者，他们在那里谈论对啤酒的热爱，谈判生意，并在美丽的夏夜星空下欢庆。

我正和我的摄制团队在青岛啤酒厂的通道上漫步，突然一个美丽的女孩叫住了我，她非常兴奋，问我是不是她童年时在《城市之间》中看到的"奥利弗"。一开始我很高兴被认出，但是一瞬间，我又对时间的流逝稍感悲伤——我已经成为这位年轻女孩回忆里的人物……我对女孩点了点头，她非常高兴的样子，显然心情也很激动。然后她告诉我说，她是啤酒厂的

去做我的最新市政工作

巴士歌手

一名管理人员，很荣幸成为我们的导游，为我们带来最特别的参观。在内容丰富的解说、愉快的交谈和几杯啤酒之后，东道主送给我一套印有我的模样的酒瓶和酒杯，并邀请我参加下一届啤酒节。遗憾的是，由于新冠疫情的原因，已经连续两届啤酒节不得不取消。我保证自己肯定会来履约的，也许还会遇到一些读者……

青岛是我在中国见到的最干净的城市之一。毫无疑问，这座城市实行了非常有效的日常清洁计划，还是垃圾分类和回收的先行者，而且一切还得到了当地人的参与和支持。为了向街道上的环卫工人和社区里的生态战士致敬，我穿上了清洁工的制服，在法国国际电视五台和五洲传播中心的镜头前履行自己的职责，介绍当地人的工作和日常生活正是我的旅游节目的重点，而如果能够亲身融入和尝试当然就更好。摄像机还没有到位之前，不少路人就已经看到突然出现了一位外国人正在认真清洁他们的街道，当然大吃一惊——这样的经历在我来说当然不是第一次了，我可以证实，每一次都效果不凡。事实上，虽然是为了工作，但是在人们没有注意到的情况下悄悄干一些"蠢事"，这种孩子气的做法总是能够让我获得一种特别的乐趣。在人们惊奇的目光中，扮演聚光灯下快乐的小丑，这总是让我非常开心，如果你能够当面称呼我为"小丑"，我还会更加开心，因为我内心本来就将他们看作自己的精神兄弟，可以和他们相提并论将让我深感荣幸。

青岛最吸引人的地方是它那随着洋流而起舞的海岸线，2008年奥运会的一些水上运动比赛正是在这里举行的。平时青岛全年都有各种精彩的帆船比赛，中国的每位航海者都应该在这里停泊，享受这个地方。这一期的节目开场时，我在青岛的海面上扮演了船长的角色，因为我的采访对象是一位真正的船长，来自法国大西洋沿岸的布列塔尼地区。这位渔民现在已经在中国生活了好几年，他告诉我，自己当初离开海风猛烈的家乡只是一时冲动，却没想到这一冲动就此改变了他的命运，让他进入了一个没有边界的航海顾问和船长的新世界。毫无疑问，这堪称是命运对这位水手最好的馈赠。

　　我也不能忘记在这个充满灵感的城市里扮演的另一个角色，那就是旅游巴士上的服务员，跟着大家游览了这座城市的海滨和其他不容错过的景点，从海洋博物馆到巨型水族馆，从水母宫殿到水下世界。有趣的是，旅游淡季时，这条线路的主要客户都是青岛当地居民，哪怕他们也总是为自己心爱的城市感到惊讶。同样让他们惊讶的是，今天居然见到一个欧洲人穿着制服，而且只会讲很少、很差的中文，在巴士的台阶下迎接他们。然而，像往常一样，没有不礼貌的言辞，也没有愤怒或鄙视的表现，只有善意和微笑来鼓励这位新员工好好干。中国这种充满人情味的氛围确实值得其他地方去了解，大家可以从中获得启发，最终让自己的身边变得同样美妙。

16.梅州与客家人——满怀希望的迁徙者

　　过去1000多年中，中国有这样一个族群，为了子孙后代的美好未来，他们告别了艰苦的生活环境，不断往遥远的海外迁徙，这就是客家人。他们主要生活于广东省、福建省及其周边地区。客家人的祖先最早可以追溯到3世纪时因战乱而从黄河流域南迁的难民，迁徙这个特质深深刻在了他们的基因里。我要去梅州探访他们，因为从古到今，梅州都是客家人在中国的聚居中心，也是他们移民海外的始发地。很久以来，一些中国人前赴后继地前往马达加斯加、留尼汪、毛里求斯、塔希提、新喀里多尼亚、马来西亚、泰国、印度尼西亚、新加坡及其他岛屿和沿海地区，他们几乎都是客家人。客家人以勤劳著称，粗茶淡饭就能让他们满足。得益于这些内在品质，在并不那么好客的时间和地点，他们也能够经受得住落地生根时的各种意外，而他们的商业意识，往往能够帮助他们成为食品杂货商、洗衣店主、银行家、餐馆老板甚至工厂主。他们能很好地融入当地，这是他们一贯的优势，也是他们成功的原因。

　　19世纪时一些西方人认为客家人起源于犹太人，因为他们似乎也是寻找应许之地的永恒移民，但历史已证明这只是简单化的错误类比。至于那些留在中国的客家人，他们当中很多都因从政、经商、参军、成为演员或作家而知名……中国的历史离不开这些英勇的人民。

　　总之，我来到了梅州，与我同行的还有一个来自北京的电视拍摄团

土楼模型

队，他们也像我一样，对这里的文化很感兴趣。我们先是参观了最大的土楼之一，这座土楼正在修茸当中，几十年来有几十户人家一直居住于此，在恪守祖先传统的同时又享受到了现代化的舒适，这就让人忍不住要一探究竟了。这是一种大型的土建筑物，像一个圆形的堡垒，只有一个入口，而周围和上部开着狭窄的窗户，一眼就能看出这里的防御属性——抵御人类和动物的入侵，让众多家庭在里面安居乐业，自给自足。家族议事是土楼的传统，所有重大决定都是全族开会商讨后作出的。权利在代际间分享，所有年龄段的人都可以在与他们自身息息相关的问题上发表意见。土楼内就是一个真正的小村庄，中间通常有一个祭台，用于祭奠祖先或者举办婚葬仪式。一楼属于动物、水井以及小商铺（出售食物、衣服和杂货）；二楼用作储物，以前也充当武器库；三楼则是生活休息的地方。每家每户都是这样垂直的三层。据说在 20 世纪 60 年代，有些土楼出现在早期的卫星图像上，让一些美国军事专家误以为是外星元素——这些奇怪的形状

穿越时空，由此步入壮观的土楼

让人想到静止的飞碟。这分析虽然有趣，但与历史和文化现实相去甚远，事实是，这些土楼已经于 2008 年被联合国教科文组织列入了《世界遗产名录》。

梅州的电视拍摄还有一个美好而特别的惊喜等着我。我必须按照最纯粹的传统在镜头前扮演新郎的角色，再现过去的独特礼仪。于是，我穿上了红色、黑色和金色装饰的精美礼服，戴上了饰有一根辫子的礼帽，在"我家"门前的台阶上等着心上人的到来。事实上我还从未见过她，我们富有的家人已经替我们决定了，认为这一结合将给后代带来安逸和繁荣。四个欢乐的年轻人用一顶古时候的轿子抬着新娘向我走来，锣鼓喧天，钟磬齐鸣。送亲的队伍在我身旁停下来，掀开轿帘，我看见了新娘（希望是个美女），于是抱起她走上台阶。她的头上盖着鲜红的绸缎，经过一些之前教过我的仪式之后，我终于可以用一根小棍揭开盖头了。惊喜的是……她真的很漂亮！拍摄很成功，美女可以回家了，而我得继

今天我做"新郎官"

续拍摄，几天之后我将再度有机会，将我的"妻子"作为拍摄对象……当然，重婚在这里是禁止的，好在我们在心底都珍存了将我们带回历史的美好一幕。

最后，我在纪念客家人辉煌史诗的碑前陷入了沉思。过去，客家人离开他们生活的城市和乡村，沿着水旱道路南下，一直走到中国的最南边，在那里，他们又坐上各种各样的船只，驶向遥远的海岛和未知的未来。他们怀揣着勇气和期望，创造了属于客家人的传奇。哪怕要付出生命的代价，他们也凭借刻在基因里的勇气，永不放弃寻找更好的安身之所。向他们致敬！

如今，这些前辈留给后人的建筑和工艺瑰宝都可以在保留或者再现了历史风韵的村落中参观和欣赏，比如福建漳州平原上的武林村和山区的塔下村等地都是例子。这些地方的优质旅游资源让游客充分体验了古老的乡村风情，又紧跟时尚，将奢华与自然、宁静与文化、优雅与古朴、质朴的过去与精致的现在融为一体。高质量旅游已经成为生活优渥的人们越来越推崇的理念，因此他们也就很自然地注意到了一些酒店集团的新型实践，

客家纪念石碑

即将破旧和废弃的土楼翻新改造成星光灿烂的度假胜地。在这里，精雕细琢的木制品中散发出的百年前的芬芳与令人垂涎的中国传统美食的香味交织在一起。这种别致的美学和重新回归传统的理念终于得到了回报，因为这些餐厅总是被提前预订一空。作为一种额外的特权，在贵族化的氛围中学习过去的手工活动，让公众尝试他们在现代舒适惬意的生活中可能想象不到的行业。在大自然的奇迹之一——塔下村短暂停留期间，我看到来自喧闹都市的城市居民发现了久违的天堂般的氛围，他们在溪流旁静静地冥想，清澈的溪流迸发着活力，在崇拜者兴奋的目光中奔流下山。

大城市的孩子们来到传统的武林村，或者围着巨大的篝火庆祝中国新年，激动得目瞪口呆说不出话来，或者在甬道拐角处的临时舞台前为中国戏曲或祭祀舞蹈欢呼鼓掌，这些都与他们日常的城市生活相去甚远，让他们深度沉浸到古老的传统当中。在完全自由的状态下欣赏大自然本身，只有一位专家陪同讲解一切的演变——这才是中国当代中产阶层愿意接受的真正奢侈。当他们的休闲时光不再被智能手机的指令所污染，当他们终于感受到能够让时间停止时，就能体验到沉思带来的内心愉悦感，从而获得最大的满足。

17. 深圳与机器人

　　中国总是处于各类技术创新的前沿，这里的年轻人比一些西方国家的同龄人更乐于接受创新的理念。他们对于任何新事物都志在必得，对任何有技术进步色彩的东西都趋之若鹜，似乎生怕错过通向未来的列车。说到列车，以时速 345 公里穿越全国的高铁早已成为司空见惯的存在，列车上没有任何颠簸，也不会带来额外的担心，乘坐体验安静而舒适。准点也是铁律。每周每天任何时间的车次，无论一等座还是二等座，每节车厢总是满满的。中国人实在喜欢旅行，这在很大程度上也是因为家人经常为了工作不得不分居不同城市，人们总借助各种机会团聚。过去几年的新冠疫情

几十年前这里只是个小村庄

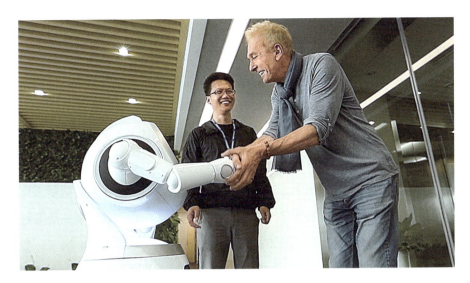

机器人前台

一度阻止了人们奔波的脚步，也让旅游业受到严重冲击，现在一切已成为过去，人们再度流动起来，旅游业也重现勃勃生机，方便快捷的铁路网则一如既往，向各地提供着源源不断的客流。

我正是乘坐火车来到了深圳，一座毗邻香港、位于广州以南约120公里的城市。这个曾经的小渔村是过去30年间全世界变化最大的地方之一，现在已经成为中国经济奇迹的最佳证明。这儿每年的经济增长让蜂拥而至的投资者眼花缭乱，尤以高科技及金融领域为最，不过与此同时，大胆创新的主题公园也让大众旅游领域获得了可观的发展。当地人口1300万，大多数是来自其他地方的打工族，他们不仅为这座城市带来了自己的饮食文化，也使得这座"中国硅谷"迅速成为中国最富裕的城市之一。香港人经常到深圳的超大型商业中心享受高性价比的购物，艺术爱好者则流连在当地不计其数的博物馆和画廊中，如醉如痴。仅仅几分钟车程，人们便能无忧无虑地远离满是摩天大楼的城市森林，徜徉于珠三角的某片海滩。

我来到这里，则是因为要拍摄一部关于机器人技术的小型电视纪录片。在纪录片里，我是一个对人工智能非常感兴趣和好奇的人，毕竟我的孩子和他们的朋友们，对这一切都已经非常熟悉，而我可不想在这个问题上失去和他们交流的资格。在当地最大的研发和制造基地之一的门口，一个机器人迎接了我。我发现，自己在努力和它沟通的时候就像一个八岁孩子……编程赋予它的职责是承担一部分安保工作，通过一些非常具体的问题对访客的身份进行识别。听到我的声音而赶来的工作人员忍不住笑起来，在他的笑声中，平行世界的大门在我面前打开了，这个世界当中的人们每天都沉浸在未来的氛围中。

穿上和大家一样的制服，来到组装线上，参与到专业工人的精密工作当中，我拼尽全力想要表现得专业一些，但是对于我这个日常家务活都做不来的人而言，翻车其实已经不远了……不可避免的一幕还是上演了，整个生产链因为我的笨拙而被迫停工了！经理和工作人员立即用笑声原谅了我的笨拙，虽然他们不得不重启整个程序，但是这惊人的一幕带给他们最主要的感受显然还是开心。看吧，艺术家奥利弗是享有特权的，总能够避免人们的愤怒和责怪……不过，我并没有选择重拍，以避免打乱他们的工作节奏。

接下来，我被带到一群十几岁的孩子当中，他们被选中测试机器人技术的最新创新成果，尤其是能够根据指令同步舞蹈的机器人。我们一起听

机器人大军

与机器人和孩子们共舞

了一些简要的技术解释，虽然我完全无法理解，但必须假装明白的样子，来保全自己在孩子面前的面子——然后我们一起模仿机器人的动作，跳起了舞蹈，我想如果可能的话，机器人指导肯定会像那些孩子们一样大笑，因为我努力的样子实在是太滑稽了。总之，测试在一阵哄堂大笑中结束，我和小伙伴们一样，高兴得忍不住蹦跳起来。那一刻，我觉得自己是如此年轻，如此健康！

最后，我还收到了一份超级奖励！大家告诉我说，因为我参与了一个机器人的组装，我便有资格给它命名，并且带它回家。好吧，从现在开始，它就叫作"奥雷利恩"了，这是我9岁儿子的名字。我相信当我回到日内瓦，我的儿子一定会无比高兴地迎接这份如此前卫且有趣的玩具，他和他的瑞士小伙伴们一定会无比兴奋地与这个来自亚洲，也来自未来的新朋友一起玩耍。

18.查干湖上的"爱斯基摩人"

生活在中国的魅力就在于，一旦你意识到这个国家的完整性和多样性，惊喜就永远不会枯竭。中国面积广袤，这就意味着同一个月份当中，各地会呈现出迥然不同的气候，全看你到底身处何方。比如，前一天我还在温和的南方，穿着 T 恤漫步，喝着鲜榨果汁，去羊肉串或水饺店里大快朵颐，而第二天，一架国内航班载着我飞到了 3000 公里外，周遭的温度和景观便彻底改变了——我就是这样来到查干湖湖畔的。

查干湖位于中国东北地区的中心地带，此时正处于冬季的严寒之下，白天的气温也低到 −25℃，单靠着羊毛内衣已经远远不够，我被迫套上了所有能够找到的衣服来抵御可怕的寒风，这便让我陡然显得"粗壮"了许

查干湖的日出时分

冰上移动房屋

多，再加上我的身高也要比大多数在这里生活了 1000 年的当地蒙古族居民要高得多，一时间，我似乎成为一个迷失在冰面上的西方大力士，也自然而然引起了所有路人的注意，而这些路人大部分都是当地的渔民。渔业是这个地区久负盛名的主要生产活动。传奇般的查干湖（蒙古语的原义为白湖）绵延近 500 平方公里，盛产多种鱼类。此刻，没有人知道到底有多少鱼正在厚厚的冰层下快乐地游动，毕竟统计它们的精确数量注定是一桩费力不讨好的任务，而且几乎不可能完成。不过，我还是听说了一个概略的数字——每年都有 3000 吨的鱼从这里销往中国各地。这突然让我异想天开：对于这里的鱼类而言，也许繁殖是一项必须经常进行的活动，毕竟这能使它们暖和起来。

查干湖边的人们一年四季都在捕鱼，不过冬季还是不容置疑的旺季，而他们所采用的技术，其中一种和遥远地方的爱斯基摩人其实颇有异曲同工之妙，不久后我就将发现这一点，并且大吃一惊……相传，当地有一项古老的习俗，古代的帝王在出宫来此度假时，会命人将冰面刮薄，然后同率领的无数群臣一起静观湖下之鱼……冰面异常光滑，但厚度足够让人安心，张文正在这里欢迎我的到来，要向我介绍冰上捕鱼的方法，他是这项传承百年、收益颇丰且极具文化价值的活动的负责人之一。张文首先让我使用一根如同没有马达的手提钻一样的钢桩在冰上敲打以开出一个圆形的孔，然后我必须使用大型的网兜来清理圆孔处的碎冰。我可怜的城市人二头肌立即感受到了这项劳动任务的艰巨性——一开始就这么累，之后还怎么得了……然后我把鱼钩挂在鱼线的末端，以为接下来只需安静垂钓，等待鱼儿上钩，但耳边却响起了老师爽朗的笑声，似乎事实并非如此……

张文向我解释说，我们将要在这些孔洞中放置中等大小的渔网，但湖面其实并不是他们活动最有趣的部分。他告诉我，在大戏开场之前我们必须吃点东西补充能量！他邀请我前往他的小屋，严格说来其实是雪橇上搭建的板房，可以用几匹马拉动，在这片被大雪覆盖的偏僻地带自由迁移。张文用热茶、使用各种香料烹制的肉和几块看起来非常油腻的饼干来款待我，不过最重要的，还是一杯烈酒。一杯酒下肚，炽热的味蕾仿佛再也无法识别食材的本味，而走出房门后，酒精果然大显威力，令我觉得自己身体里充满热力，体温足够融化整个白色世界！我们俩向着远方的地平线走了足足半小时，迈着平稳的步伐，时不时交流一些轶闻琐事，这拉近了我们彼此之间的距离。突然间，我的新朋友自豪地指向了远处的许多山地车，一群穿着靴子，披着厚重大衣，头戴厚实的帽子的人，还有……似乎在迎接我们到来的马匹。之后发生的事情至今仍深深地刻在我的记忆里，

起出两公里的巨网

人马协作

对我而言，探索古老的习俗和文化总是如此激动人心而令人敬畏。

　　我被邀请到查干湖无边无际的冰面上，是为了一个真正的祭祀仪式。这个仪式每年都以节日的形式开展，吸引着众多这一古老传统的狂热爱好者们前来朝拜。首先，人们会向当地的神灵祈祷，祈求捕获更多的鱼或收获更奇妙的捕鱼之旅。我也被这种快乐的崇拜感染了，以一种笨拙却真挚的热情跟随当地人一同载歌载舞。当地人似乎很欣赏我的努力，于是他们邀请我和30多名壮汉一起在事先挖好的洞中铺设足足2公里的渔网（是的，你没看错，2000 米）。这个任务需要强健的体魄，高昂的斗志以及协调的团队合作。一旦渔网全部被投入湖水中，人们随后便会指挥强壮的马匹转动绞车，将满是战利品的渔网从湖中拉起。成千上万的大个鲤鱼和其他鱼类在网中跳动，人们当场便将其分类并出售。尽管有时价格不菲，但这正体现了它们的高品质，以及其所饱含的幸运寓意。然后，每年一次，第一张网中捞出的最大个的鱼将在拍卖会上出售。这条鱼聚集了所有人的目光，也汇集了人们对好运的渴望，而最终将其收入囊中的幸运买家也通过这条鱼彰显出了自己的实力。想要拿下这条在社交网络等平台同时拍卖的大鱼，需要花费数十万欧元，这条鱼早已成为来自四海八方所有人类的、一场声势浩大的接力赛的锦标。显然，这个地方是传承这一习俗的理想之地，无须冰柜便可将各种鱼展示在买家和爱好者面前。这个集市充满着愉快而"高冷"的氛围却又散发着独特的气息，在同一片湛蓝的天空下，所有人都呼吸来自这里最纯净的空气。

　　隆重的仪式过后，饥饿如约袭来。而我早已抛下矜持，迫不及待地接受了当地人的邀请。我将与一个蒙古族家庭共进晚餐，而他们也对我的意外到来而感到兴奋不已。温暖的夜晚，充满了欢笑和笑语。至于菜肴，那当然是……大大小小的鱼和来自查干湖的其他肥美食物。在和同伴们挥洒了一下午汗水之后，我感到自己胃口大开。遗憾的是，这也就意味着我在这片白色天堂里也就没有了经典歌曲当中那种"像从前一样，和鱼儿畅谈理想"的雅致……

飞吧，鱼儿们

19. 中医

　　几千年来，中国人一直都在使用中医，并且推崇这门基于自然、精神和身体之间平衡的传统东方医学，他们相信关于健康的一切都可以归结到这三个词。为了深入了解中国中医文化，我来到了著名的北京中医药大学。该校已经为世界其他地方培养出了 2 万多名中医药专业人才，他们还与 30 多个国家的 100 多所大学建立了伙伴关系。据说，获得这里的学位就意味着进入了一个备受追捧的领域，得到了大量潜在的优质就业机会。

　　我先是去听了一位专家的针灸课，来自世界各地的学生全神贯注地盯着他。他指出了手上和胳膊上的一些特定穴位，这些穴位与经常出现不适的内脏器官（胃、肾、肝等）相连，必须灵活、敏捷地下针。一名非洲学生将充当本次课程的小白鼠。老师先是轻轻地给她针灸，然后将一种末端点燃的小棒靠近她的膝盖，同时解释说它散发出的烟可以使被熏的区域放松。这其实就是用热量刺激重要的穴位，通常使用燃烧着的艾草粉末，即艾绒。随后，专家点燃了一个金属小圆盒中的艾柱，将小盒放置在实验对象的膝盖上，并用盒子附带的绑带予以固定。他告诉我们，巧妙搭配的植物产生的烟雾可以快速缓解疼痛，这样的治疗可以持续进行若干天，以彻底消除任何不适感。这种小巧易用且公认具有治疗价值的工具如今各大药店都有销售，而他本人正是其设计者和经销商，不难看出他为此感到自豪。我采访过他班上的学生，分别来自马来西亚、印度、土库曼斯坦、乍得、索马里、刚果（布）、贝宁和孟加拉国，这些国家的共同点就在于，当地适合种植药用植物，可以让罹患某些特定疾病的穷人获得廉价但有效的治疗。当然，在治疗更为复杂的疾病时，中医往往会被现代医学取代或者与后者结合使用。这些未来的中医医师都很清楚这一点，所以他们同时也在学习西医的课程。

我受邀前往北京中医药大学的一家附属医院，这里也是一个学习中心，教授们带领着大三、大四的学生在此提供中医治疗。医院门庭若市，不少病人都在过道里候诊。医院的一位专家接待了我，问我身体是否有任何不适。我告诉他我的后背有些问题，在繁重的拍摄工作结束后，经常会感到疼痛，因为我总会忘记自己的年纪，喜欢滥用自己的精力……他很高兴能有机会用一系列银针和（借助点燃的酒精棉提前加热的）火罐来展示他的技能，我欣然接受了。伴随着笑声和轻微的痒感，还有大师的解释和谨慎的建议，治疗在一种迷醉的氛围中展开。最后我站起身时还有点昏昏欲睡，但感觉整个身体得到了彻底的放松。要了解事情的真相，亲身体验永远是最好的，我现在也明白了为何所有接受过这些治疗的人都对之大加赞赏了。

古罗马诗人尤维纳利斯（Juvenallis）说得好："健全的心灵寓于健康的身体。"在中国，有一部著作堪称这方面的《圣经》——《黄帝内经》。这本书写于 2000 多年前，拥有无数译本，如今随处可见。此书的内容是黄帝和他的医师（兼大臣）岐伯之间的对话，就一些全新的结论和方法进行了解释，当时医学还处于起步阶段，而这些结论和方法将成为中医的根本。《黄帝内经》大力提倡用辩证思维来了解、分析及治疗人体，用金属针取代砭石来进行治疗，重视把脉，研究肤色的变化，寻找所有病症的根源，以及提升针灸技术。但是这些思想的核心是寻求自然、人体和心灵之间的和谐。倾听身体的声音，理解并尊重身体发出的信息似乎是一切的关键。中国道家思想的基础建立在阴阳这两种既对立又互补的力量之上，两者都无法脱离对方而单独存在。这也是一个关于人类心理和行为复杂性的高明寓言，而它最主要的其实还是对世间万物诞生与存在逻辑的解释，而我们自身在其中往往只是一个不合理的元素。影与光、寒与热、月与日、黑与白、咸与甜、弱与强、水与火、高与低，宇宙中这样的对立数不胜数，一方需要另一方才能存在，有时需要两者结合方能达到平衡，实现长久。这种通过精神和身体的和谐来保护我们免受疾病侵袭的观念，正是道家理念所宣扬的。显然，在我们节奏疯狂的西方生活中，环境每天都在受到污染，甚至已经达到了毒害人类自身的程度，要做到内心的平和与宁静确实很难。可是，这又是一个多么美好的目标啊。我保证，以后我将为之全力以赴。

我们每天都可以在公园里看到不同年龄、不同身体状况的中国人在舒缓的音乐声中练太极、做瑜伽，以及进行其他各种体育锻炼，他们都在践行这一理念，激发身体的能量。这种活力满满的、畅通的能量可以帮助身体获得针对各种病毒、细菌或风湿的自然免疫力。这样的锻炼方法可以治疗疾病，但最重要的还是预防疾病，这是中国保健方法中一个极为重要的概念。从活力四射的年轻人和一些精力充沛的老年人来看，这种方法似乎确实有效，这些老年人笑容灿烂，彰显出自己的健康快乐，以及依然年轻的头脑和意志。

有些人会告诉你，他们感染重疾后之所以能痊愈，是因为他们遵循了中医的建议，从而让自己的症状得到了缓解和治愈——包括严格顺应四季，早睡早起，少吃肉多吃素，不要有压力，多喝（热）水，当然，还要定期服用中国药典规定的各种草药冲剂和煎剂，并随着治疗的进展进行调整。我们到处都能看到中药房，店内墙上的抽屉里装满了各种各样的植物、种子、花朵和根茎，它们都能够治疗某种特定的功能障碍，而且比化学药物的副作用更小。为了避免和减轻化学药物的副作用，人们也经常将中药和其结合起来使用。西药房在法国几乎每个街角都能找到一家，而在中国，纯粹的西药房并不多，一般都设有中药房，中药房往往也是植物疗法的殿堂，一走进这些药草圣地，植物的芬芳就会扑鼻而来。

至于医院，我当然只了解国际部，因为我曾陪伴朋友去那里看病，或者有时不得不自己亲自去使用它们的服务，进行全面评估。必须指出的是，这些医院都是以现代方式管理的，而且医生水平高超，医疗基础设施堪称一流。无论是在我夫人突发疾病，还是在我自己的锁骨和肋骨受伤时，我们的西方朋友和一些想当然的中国人都曾经强烈建议我们赶紧回欧洲治疗，只能说他们根本就不了解中国医疗高质量的客观现实。我们没有理会这些担心，而是选择相信这些医院的技术和设施。我们作出的决定是非常正确的，这些医院的严肃性和专业性都值得钦佩。我们俩都以创纪录的时间痊愈了，而且没有留下任何后遗症，我要由衷地给中国医院点赞。对于严重的疾病，中国人可以选择中医也可以选择西医，通常不会中西医齐上阵，但必要时会交替使用。他们非常相信自己的中医，但也不会忽视西医。在结束这个关于中医的章节前，我还得报告一个关于自己的非常痛苦的不幸事件，而这麻烦最终竟然被一位高人三下五除二就解决了。

在一次去中国南方进行电视系列节目拍摄时，我乘坐的小巴车必须日夜兼程，辗转于一个个偏远的村庄之间，可是，我真的不知道这部汽车是否有减震器这样一个部件的存在……偏偏这车要走的还都是崎岖不平的道路，颠簸对我的背部和肾脏发起了持续性的攻击，在经历了8天之后，身体终于忍无可忍，发动反击，让我再也无法对自己灵活的身手扬扬得意。最后一集拍摄结束，我们终于回到了上海，为了掩饰痛苦，我努力在脸上挤出笑容，可是那笑容简直比石膏像还僵硬。上下车辆，甚至正常行走时，我的身体都会疼到扭动，完全无法控制。腰部剧痛无比，我怀疑是坐骨神经痛。如前所述，精神和身体必须始终保持一致，而我低落的情绪只会加剧肉体的痛苦。于是，我被送到了医院的急诊室，一位和蔼可亲的医生立即为我注射了吗啡。当晚，我乘坐公务舱——不得不如此，因为这样舒服些——飞回了北京。我满脸憔悴，心灵也因这次拍摄不够出色而备受折磨。我的好朋友去接的我，虽然她想让我宽心，但脸上尽是关切之情。好朋友总是用尽一切办法确保她的奥利弗对选择来到中国生活感到满意。她自豪地告诉我，已经成功地预约上了一位中医大师——这确实值得自豪，因为这位大师的日程表总是提前几周就被排满了。我要去看的令人尊敬的先生出自一个声名显赫的中医世家，这个家族 300 年来代代相传的"罗氏正骨法"已被列为中国非物质文化遗产！罗家首先当然是为普通人服务的，但是他们为国家领导人提供治疗也有几十年历史了。如今儿子接班了，他的水平也得到了患者的肯定。治疗的费用因病人的身份而异，他们的家风让他们不会拒绝贫穷的患者。他们还治疗过许多知名的运动员、艺术家、歌手、音乐家、舞蹈家、杂技演员以及影视演员。这个家族如此显赫，我真不敢相信自己能获得接诊的机会。

第二天一大早，我们便动身去找罗医生，他深刻地改变了我的看法——必须承认，我对一些著名的"大师"总是将信将疑……可是这一次，我遇到了一位真正的高手，一个创造奇迹的人！他与众不同，对任何立竿见影的治疗结果都抱着平和且乐观的态度，因为别人眼中的超级难题，对他也许只是小菜一碟。关键是，事实的确如此！我从他那儿离开时，疼痛已经烟消云散，突然的解脱甚至让我有点恍惚，于是我毫不犹豫地放弃了从上海医院开的所有药物。两天以后，我满血复活，开始到处打电话宣告我已经重出江湖，并期待尽快踏上新的旅程……

20.三门峡，从老子到马拉多纳

在中国中原地带的河南省，有一座名为三门峡的城市，人们颇具诗意地称之为"天鹅之城"，因为每年都有成千上万只优雅的天鹅在大迁徙期间驻足于此。三门峡是一个历史悠久之地，20 世纪初中国首次现代考古发掘就在此地，来自史前时期稀有且珍贵的文化瑰宝在这里重现于世。从那时起，当地的考古公园理所当然地成为所有痴迷于古代的学者的心

三门峡巨大的老子雕像

头好。

不过最重要的还是，据说圣人老子，这位被神化的道教祖师也正是于公元前 600 年在此地写下了那部光辉灿烂的《道德经》。这位人物的确切身份仍然存疑，因为有关他的故事还有些地方尚未被完全确认，部分内容仍然相互矛盾，比如近几个世纪以来就作了不少较大的修订。这位带有巨大而恒久光环的哲学家被一些人神化，他宁愿放弃具有强大吸引力的权力秘术，决绝地选择在古稀之年去中国西部进行彻底的精神隐居。他的作品中有时会出现某种反传统的精神，只为更好地去探索那诱人的灵性与和谐之道，与童年的欢乐、自然的融合紧密相连，与阴阳之法密切相关。将自我转变为某种更好、更明朗之物，这样的理念是谁都难以拒绝的……在中国重要的神话小说《西游记》中，老子多次出现，他对大名鼎鼎的美猴王的朝圣之旅产生了重要影响。另外，还有一颗小行星以他的名字命名，这位与孔子同时代的人物，对于所有充满灵性和智慧的中国人而言，现在依然是一个重要的精神源头，一个不可撼动的神一般的存在。

在黄河的岸边，我以绝不打扰的方式欣赏了天鹅的美丽雄壮并向它们

孩子们，要听圣贤的教诲

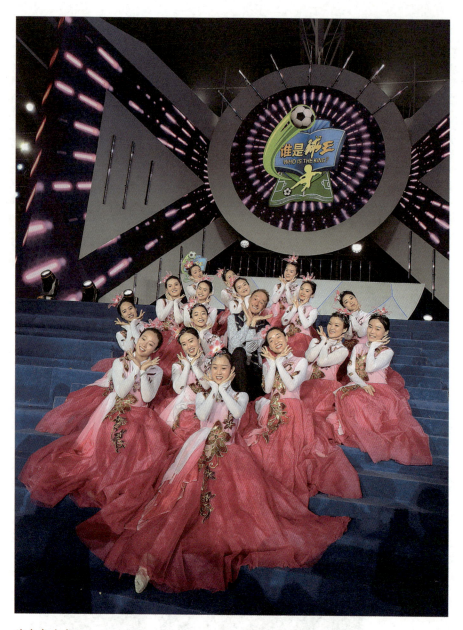

谁会成为球王

表达我的爱意，随后我漫步于一个以老子为主题的公园，走过一座座寺庙和一块块刻有语录的碑石，来到纪念老子的巨大雕像之下。在此，我突然听到了弥漫在空气中的美妙韵律，才发现一群来自中国各地的年轻足球运动员正与我同行，他们是来参加中央电视台制作的一档非常受欢迎的节目《谁是球王》的，节目旨在发现足球这一毋庸置疑的世界第一运动领域中刚刚萌芽的人才。

我决定向自己今天遇到的这些小粉丝们转述四句圣人的话，希望他们仔细思考。在我看来，这四句话最适合传达我看重的宁静与谦卑，后者应该与激励这些年轻人的雄心壮志好好结合起来。"勇于敢者则杀，勇于不敢者则活""道可道，非常道""千里之行，始于足下"，而最后是，"胜人者有力，自胜者强"。谁知道呢？也许未来的中国马拉多纳就在他们中间……

21. 古都西安的警察舞者和历史见证

　　如果说有一座城市是中国之行不容错过的地方，那一定是西安。在3000年历史长河中，曾经有多个王朝先后建都于此，这里有着一些保存最为完好的建筑瑰宝。我曾经多次到访西安，不管是为了拍摄不同系列的纪录片，还是为了参加节目，无一例外都会抽时间到围绕着古城的雄伟城墙上散步。这座常住人口超过1000万的现代化城市热闹非凡，熙熙攘攘的街道上，外出就餐的人们络绎不绝。西安是神奇的丝绸之路的历史起点，钟鼓楼附近有一个庞大的穆斯林社区。步行街上烤羊肉嗞嗞作

今日西安

响,散发出诱人的香味,幸福的感觉油然而生。佛教在西安当然非常盛行,每次到西安,大雁塔之美都让我陶醉不已。这座建于 7 世纪的高塔名字充满了诗意,让我产生了难以言喻的喜爱,每次来到西安时,我都会从远方看看它矗立在市中心的身影。西安古时曾叫作长安,寓意"长治久安",古人的预见力的确让人佩服。

一个晴朗的春日,我去见了一个特别的人,他是一位著名的摄影师,以擅长拍摄家庭照片而广为人知。在漫长的职业生涯中,他在中国各地拍摄了 1000 多幅肖像。这位摄影师是多年来中国社会演变的宝贵见证者,他四处游历,从偏远的山村到繁华的城市,尤其是在那些拍摄于人烟稀少的偏远地区的作品中,时间似乎凝固在了 20 世纪初或更早的年代。艺术创作中蕴含的巨大时间差,不时可以在他保存的数千张各种照片中找到,这些照片是真正的纪念宝藏。看了他拍摄的照片,我体验了一场美妙的岁月之旅:一个小村子的全体村民来到村部院子拍照,老老少少摆出各种姿势以纪念这美妙的时刻;一家工厂的工人集体聚集在摄影师镜头前,留下了纯真的面容。虽然摄影师谦逊地说自己只是在拍摄家庭照片,但是照片记录的其实远不止一个个家庭,而是整个农民和工人社区。我之所以觉得这些照片是宝藏,是因为照片居然能够在当时同时聚集这么多命运交汇的人,把这么多不同的面孔定格在胶片上。他告诉我,多年以来,为了完成拍摄作品,他在中国旅行了 18 万公里,最为重要的是,构成中华民族共同体的 56 个民族,任何一个都不能落下。他们身着传统民族服装,以最美的形象展示自己民族的文化。

翻阅他的精选相册,可以体会到这个丰富多彩国家的无限人文内涵。摄影艺术确实有力地记录了社会变迁。一个明显的差异骤然出现在我面前:过去,当人们面对镜头,要将自己的面孔永远定格,留给后代子孙时,他们都表情严肃,没有人微笑;今天的情况恰恰相反,如果镜头前的人不笑,便会让观看者有其他的想法,好像这个人宁愿传递痛苦、无聊或苦行,或者干脆是他的快乐没有被捕捉到。真是人随境变……

村里来了外国客人

照片使人和岁月不朽

随后，这位朋友带我去了几英里外的一家孤儿院，几十年来他每年都在那里做志愿者。孩子们欢呼着迎接我们，不但因为看到了他们熟悉的和蔼可亲的老面孔，也因为一个高个子的西方人意外出现，带着电视摄制组，满脸微笑，手中还拿着各色钢笔。我在教室即兴上了一堂基础法语课，教孩子们说法语的"你好""谢谢""再见"，体验了一堂这样具有教益和娱乐性的新奇课程，他们都非常兴奋！

拍照已经是一年一度的传统了，孩子们兴高采烈地摆好姿势，显然已经非常熟知每个环节，整个过程不到两分钟就顺利结束了。我向院长询问孩子们的日常情况，她让我放心，受益于政府计划，孩子们的情况有了很大改善，该计划为他们提供了更好的生活条件，远远优于我们在许多其他国家看到的情况……我们的参观所见确实无可挑剔，因此我对她的话深信不疑。尽管如此，我仍然很希望自己能够摇身一变，成为一个亿万富翁，钱多得怎么都花不完，这样我就可以保证所有这些可爱的孩子们都有一个光明的未来……若能美梦成真该有多好！

在西安的另一次经历对我来说也非常特别，朋友们知道我对一切都充满好奇，便向我介绍了一对年轻的警察夫妇，他们的工作包括确保学校和幼儿园门口道路的安全，负责十字路口的交通，维持各种群众性活动的秩

孩子们的第一堂法语课

序，在夜间的道路上执勤，控制重型货车及其装载物产生的污染，以及执行一些打击犯罪的任务等。首先，我们来到了机场，在那里我目睹了令人难以置信的一幕：20个穿着制服的年轻警察，随着欢快的嘻哈曲调跳着精心编排的舞蹈，欢迎旅行者的到来，同时无微不至地提醒旅客注意安全……我记得小时候，法国的警察曾经被称为"和平卫士"，这是个友好的客套语，我觉得很有亲和力。可惜的是，伴随社会治安越来越差，戾气越来越大，这个称呼早已被遗忘了……无论如何，在西安，人们尊重这些年轻的警察，对他们非常友好，他们为城市带来了无所不在的安全感，同时保持着非常友好和平和的气氛，相信世界上许多大城市都希望获得这样的氛围。队长还邀我坐在警车里同他一起进行夜间巡逻。我心里其实很期待他拉响警笛，但夜晚的居民区安安静静，这么做显然不合适，我们只是打开了警灯。最刺激的事情是，那天晚上检查车辆时，所有司机和乘客都盯着我，似乎是把我当成了西方国际警察专家，或是得到警方授权的外国观察员，又或是来访的外国官员，甚至还有人来专门询问。

第二天，我来到这对年轻夫妻的家里共进午餐，他们把我介绍给他们的小女儿，她才不到3岁，是她作为西安城市守护者的父母的忠实粉丝，她还自豪地向我展示了一张她穿着警服的照片。我们吃了糖醋里脊和一些时令水果。在离开我的新朋友时，我对这个艰苦的职业有了更多的理解和尊重，他们严于律己，在很多方面都堪称楷模，值得其他国家借鉴。当然，他们的编舞也一样值得借鉴！

随后我立即跳上出租车，前往非凡的秦始皇帝陵兵马俑遗址，其历史可追溯到公元前3世纪，由秦始皇下令建造。这位中国历史上的关键人物结束了长达几百年的混战，重新统一了中国，决定建造长城以保护国家免受游牧民族的持续入侵，并在帝国的首都，也就是现在的西安市建造了道路网、宫殿和其他华丽的建筑。

然而，这位有远见的统治者，让世人最为记得的是他生前建造的帝王陵，由8000多尊武装士兵、战车和马匹组成的兵马俑保护，这些陶俑与

西安的黄昏

真人一样大小，负责确保皇帝来世的旅程安全和新的宁静生活，保卫陵墓免受任何潜在的侵略。身处其中，我已经感到了兵马俑的威慑力……参观兵马俑遗址令人叹为观止，成千上万的工匠创造出这些巧夺天工的作品，他们用独创的模型制作成了雕塑，塑造了一张张特征各异的脸，给人一种奇幻的真实感。这个奇妙地方到处都是兵马俑和宫殿，当年，宫殿里曾经摆满了金银雕像、宝石和其他财宝，虽然人们永远不知道这些财宝是否能够从这个世界带走，也不知道它们在下一个世界是否有用……为了展示皇帝的永恒统治，负责设计50多平方公里的皇家陵墓的工程师们，还用水银再现了广大国土上的江河。

　　后人推测，为了保住这堪比古埃及法老金字塔的建筑当中的秘密，工匠们最终也被封死在了墓中，这种做法尽管非常有效但是显然并不人道，不过这也是世界上其他时代其他地区古代奇迹建造者的共同遭遇……在一天结束时，这所宏大的博物馆即将闭馆，我有幸留下观察当代工匠们的细致工作。感谢现代文明！他们每天晚上都在精心修复受损的雕像，并确保

千军万马

了这个地方的完美布局之后，回到自己家中。而其他专家则继续研究和监测粉尘。

　　几个世纪以来，这个人类无价之宝的秘密一直被隐藏在这些泥土之下。我们要感谢西安那些可敬的农民，1974 年，他们萌生了一个后来被证明非常明智的想法，要在这个地方挖一口深井，结果施工中惊人的发现使中国第一位皇帝秦始皇"重获新生"。这位皇帝以暴虐、残忍和嗜血而闻名于世，但由于这令人叹为观止的作品，人们对他的评价有所挽回。

　　秦始皇的王朝在他死后不久就倒下了，而为了让我的身体不因为饿肚子而倒下，在以最崇高的敬意向这些转述历史的美学家们致敬后，我再次来到了遍布美食的街道上，品尝了以当地特制香料腌制的美味烤羊腿，同时为伟大的古代工匠们干杯，他们永远被困在一个不属于他们的陵墓中，但他们仍然是人人敬重的英雄。

22. 儿时梦中的西藏

　　童年时代，我就对《丁丁在西藏》中描绘的历险故事十分着迷，充满魅力的人物角色、壮丽的自然景象、神秘的异域风情和富有吸引力的当地文化都让我魂牵梦萦。于是我暗暗发誓，总有一天要循着雪人的足迹去爬喜马拉雅山，也许在那里，我还会遇见丁丁的好伙伴——小英雄张，我一直想和这个与我同龄的中国小伙子成为朋友！好吧，他现在估计已经老了许多，虽然我总觉得自己在北京或其他地方烟雾缭绕的酒吧里擦肩而过的一些西藏人身上看见了他的影子，但是依然更希望将他完整保留在童年的幻想中，作为记忆中的一份温暖。事实就是，我成年后有幸走遍中国各地的城市和乡村，探访众多少数民族，也由此爱上了这个堪称多元文化万花筒的国家。归根结底，我真正感兴趣，也真正关心的只有人，无论他们生活在怎样的土地上和天空下，弗朗索瓦·维庸（François Villon）满怀悲悯的名句总是会不时在我的脑海当中涌起："在我们之后存世的人类兄弟，请不要对我们铁石心肠……"

　　不过，直到不久前，我还未能踏足西藏——中国最富传奇色彩的地方之一。好在，伴随我接到拉萨一个关于当地经济发展的论坛的请柬，梦想终于成真了。这个论坛吸引了众多不同国家的专家，我在这里遇到了一位专门研究西藏历史的卢森堡人、一位对 20 世纪的政治和军事风云了如指掌的印度人、一位来佛教圣地朝圣的尼泊尔人、一位精通地缘政治的阿尔

终于来到了布达拉宫

拉萨的天空出现了神奇的"星"

光从天上来

及利亚记者，还有一位对古文明十分着迷的年轻法国专栏作家，他们都像我一样，为海拔 4500 多米的美景而惊叹。有些人遭遇了高原反应而被迫开始吸氧，意外的是，我竟然什么事都没有，也许是这次旅行的欣喜弥补了氧气的缺乏吧。

到拉萨的第一天，我们首先拜访的就是传奇的布达拉宫。布达拉宫位于神奇的拉萨市中心，是藏传佛教的精神中心和历史中心，一座冲击和惊叹接踵而至的宫殿。关于布达拉宫，我当然知之已久，毕竟早在孩提时代，我就已经从埃尔热（Hergé）的《丁丁在西藏》中知晓了它的存在，而长大后，我还了解到有众多的画家和摄影师们让它的身影不朽，有众多的作家和旅行者在记述中为它披上神圣的光环，总之，早在真正见到它之前，我就已经拜倒在它的圣光之下了。布达拉宫是一个不可思议的、独一无二的建筑群，它建在一座高出河谷 130 米的山上，有 13 层，近 1000 个房间，在我看来像一座牢固的巴洛克风格的寺院，或者一座坚不可摧的城堡。我伫立在布达拉宫脚下，心潮澎湃地欣赏着它，内心感到十分满足。这座宏伟的建筑始建于 7 世纪、重建于 17 世纪，曾是历代达赖喇嘛的居所，也曾是当地政府所在地，里面有一个阴森的小监狱以及一些令人肃然起敬的佛堂，而将它们连接在一起的则是狭窄曲折、彩饰精美的回廊。现在参观布达拉宫，在回廊中总是能遇到一些僧侣，他们有时在念经祈祷，但有时也在使用最新潮的智能手机——毕竟已经是 21 世纪，这一幕也就不足为奇了。我们在那些用金银和木材制作的闪闪发光的大佛前俯身行礼，沿着狭窄的小楼梯爬上爬下，昏暗的壁龛里还有同样精美的小佛像等着我们朝拜，祭台上则摆满了祭品以及五颜六色的灵符。精美的壁画和称为唐卡的织物让我们欣喜若狂，展示西藏文明辉煌历史的各种文物让我们深感惊讶。我被布达拉宫彻底迷住了，也许某一天，我也会剃光头发，披上黄色长袍，成为这里的一位僧侣……任何情况下，审美和精神的魔法都如此具有震撼力。

西藏仿佛一扇天门，她的地理位置很大程度上也解释了复杂动荡的历史——神秘主义政权时代的各种入侵和统治、交替的战争与和平，而这一切，往往都是以顺从且贫苦的人民的痛苦和眼泪为代价的。今天的西藏已经绝然不同，作为中国的一个自治区，展现出欣欣向荣的发展态势。一踏上这片让人心醉神迷的土地，我立马感受到一股奇异的电波以一种难以言说的方式穿透我全身，一直以来笼罩着这里的贫困消失了，进步是不争的事实，道路、城市、医院、学校、行政机构等各类基础设施每天都在造福这里的人们。值得注意的是，人们在享受现实的时候并没有遗忘历史。我借参观拉萨一家大型博物馆之机咨询了西藏史的专家朋友们，他们展示了一百多年前的老照片，过去人民的贫困一览无余——我深深地同情着这些穷人，他们此生既没有机会成为富足的贵族，也没有机会成为高贵的僧侣，他们被告知，只要顺从地面对此生的苦难，就会换得来生的幸福。相信来世没有问题，我对此表示尊重，甚至有点羡慕那些似乎对来世充满信心的人，但是实话实说，对于将忍受最大的苦难视为自得其乐的修行的倾向，我保留自己的看法。我身上一直保有着怀疑这一精神意趣，这种哲学品质总是将人类引向谦卑，让人类以真诚实在的无知者姿态在真实世界的暗夜中曲折前进。这种自由的沉思无法抑制，长期存在，它指引着我进行

庄严的唐卡　　　　　　　　　　　　　　童年之美如初升的太阳

各种形而上学的漫步，我也将这种爱好与尊敬的艺术家们分享，但不会因为与他们在思想上接近而自夸，这是我的一处秘密花园。

　　我们参观一所用藏语授课的学校，我记得这一天刚好是我女儿蕾雅的 20 岁生日，她当时在蒙特利尔读书，因为新冠疫情的缘故，我们没法赶去为她庆祝。看到孩子们在教室里嬉戏，我问他们是否愿意用母语唱一首世界通行的《生日快乐》，我好用手机的摄像头拍下来。话音刚落，他们就扯着嗓子异口同声地唱了起来。收到这首歌时，蕾雅正因为在这个特别的日子里远离家人独自待在魁北克而感到孤单。我看到她感动得泪流满面，一方面是因为爸爸暖心的举动，另一方面也是因为这个来自世界屋脊的即兴合唱团，他们的祝福以欢笑和隔着镜头的亲吻来结尾。正是这种幸福的时刻，使得我们的人性大放异彩——奉献永远是最美好的。

　　然后，我们去参观一家养老院，我们在这里见到了现代化的设备和专业的医护人员。代表团走进一个房间，我的视线和一位卧床的老人相遇

最基础的知识必须学好

了，看着她真诚的笑容，我决定给她施加点"压力"。我像医生一样将手指搭上她的手腕，做出计算脉搏的样子，然后严肃地看着自己空空如也的手腕。全场大笑，特别是这位病人，现场的摄像机拍下了这一幕。我不知道这一段视频将来是否会播出，但是那之后在西藏的行程中，我便被身边所有人视为随时随地能够放松气氛、推动交流的角色了。总之，奥利弗又在这次西藏之行中控场了！对于那些很了解我的人来说，这不足为奇，但对于其他人来说，这绝对是惊喜。这是我的本性，它让我在生活当中，在与愿意和我求同存异，用幽默与善意和谐共存的人相处的时候节省了大量的时间。在我看来，这个世界已经太严肃了，生命太短暂，好运太稀少，因此利他主义的情怀是必不可少的。我对此深信不疑。

我之所以来到西藏，首先当然还是为了参加一个顶尖的、广受媒体关注的经济论坛。我并不想跟相关专家——他们用母语侃侃而谈，夹杂着一些科学术语，被翻译们勉强翻成了英语——进行无休止的辩论，相反更乐于参加非常正式的开幕式、晚宴、辩论后的平行会议以及与论坛相关的各种活动，当然还有文化访问。在几乎所有环节都结束后，终于到了我要在大会上正式发言的那一天。为了表示对本次论坛的各位重量级嘉宾的尊重，同时保持我在知识上的谦逊，我的发言不涉及存在争论的领域，而仅仅围绕着意愿与投资带来的社会进步展开，里面包含一点点历史和现实政治、一些被认为很有远见的论述、一点点幽默（当然了），以及一些人文主义的题外话。现场掌声雷动，人们对我投来敬重的目光，主办方也非常满意，我的任务完成了。接下来我可以集中精力，继续探索这个迷人的地方了。

又是阳光灿烂的一天，我独自漫步在拉萨的街道上，为了更好地了解居民的日常生活，我走进一个个小商店，一会儿跟这个人交谈（确切地说是蹩脚地说话），一会儿跟那个人比画，时而还察看或是品尝路边摊上的东西，还会在光线或主题合适的时候拍一些纪实照片，而不是普通的"到此一游"式的照片。突然，我想喝茶了，这家门面色彩斑斓，充满西藏气息的小咖啡馆可能正好有吧。一进门，我就听到了五六位老奶奶的惊呼声，在她们的地

冒充医生

在拉萨交到新朋友

多么美丽的女士

时光刻画的动人面庞

盘突然看到我这个西方人，她们既惊讶又兴奋。和蔼可亲的老板指了指她们附近的一张小桌子，示意我就座，而我则立刻示意老板，我想尝一下跟她们一样的饮料和糕点。一秒钟之后，我就因为这一点后悔了，因为她们当即亲切地要求我和她们一起坐，这就意味着当老板给我端来一个赤褐色的陶瓷盘时，我不能丝毫犹豫，必须立刻品尝里面全然未知的内容和味道，幸好这不知名的点心既美味又令人陶醉。这些新朋友们看上去都已经八十多岁了，全都满面笑容地看向我，虽然牙都不全了，但她们被时光和高原烈日雕刻过的布满皱纹的脸，对我这种热爱人物摄影的人来说充满了魔力。我给她们拍的肖像照是我这些年来中国之行中拍过的最优秀的作品之一。该喝茶了，一位老太太很有仪式感地给我端了上来，另一位则往我的杯子里加了一勺看起来很油腻的食物。我很快就发现，这应该是牦牛的酥油，用来配茶一起喝的。酥油茶口感柔顺，富含营养，而且重要的是还很提神，可以帮人抵御高原上严寒的冬天。只不过，现在是六月中旬，暂时还没有这个必要。厚颜无耻地"蹭"了几杯茶和一些糕点后，我跟这些兴高采烈的老太太们挥手道别了。再见了姑娘们，保重身体，祝你们健康长寿。

最后两天，我要去探索拉萨周围方圆 100 公里的地方，而这两天也被证明是充满惊叹的两天。村庄坐落在巍峨壮丽的大山中，空气如此纯净，连瑞士的山区都得羡慕。这里的瀑布让我明白了为什么青藏高原又被称为"亚洲水塔"，因为它是很多河流的发源地，如长江、湄公河、黄河、恒河，以及这些河流滋养的印度、孟加拉国、缅甸、尼泊尔的其他重要支流。寺院的钟声在山谷回响，牦牛在一望无际的草原上吃草，远处还有优雅的羚羊。这一切，让我得以像上个世纪的探险家——我很想成为他们中的一员——一样，完成了一次令人难忘的旅行。不过，哪怕现在才来到这里，我依然感到极为满足。我相信所有热爱自然的人都是如此——西藏是一片永恒的土地，似乎已经超越了人类的历史。

23. 南充的丝绸业

众所周知，中国是丝绸的发源地。那么，这种在许多社会和文明的演变中均扮演着重要角色的材料，其制作过程究竟是怎样的呢？传说远古时期，黄帝的妻子正在桑树下悠闲地喝茶，一个蚕茧突然从树上掉入她的茶杯。她好奇地观察着蚕茧，发现一根线从中冒了出来，于是便将其轻轻抽出、展开，发现这种材料在长度、精细度和坚固度方面都表现优越。这一发现改变了她的余生，以及她在世人眼中的形象。她就是中国人世代传颂的丝绸女神嫘祖。她把自己的时间都用来研究这种神奇的材料，并向其身边的人传授这方面的基本知识，奠定了后世桑蚕业的基础。

当时，从事养蚕和丝绸生产的人都为女性，其起源和生产的秘密被小心翼翼地保存了近 2000 年。任何非法获取或传播蚕或茧，甚至桑树种子的人都会被处以极刑。这可不是开玩笑，毕竟当时只有帝王和宫廷才享有这一绝对特权，直到他们最终决定将丝绸出口外销才有所改变。丝绸之路由此诞生，从中国的西安出发，向西可以抵达叙利亚、希腊、意大利和法国。丝绸是当时最为珍贵的商品，各国的君主，以及手握军事和金融大权的权贵们都毫不掩饰对其狂热的喜爱，他们用丝绸来装饰自己的宫殿和城堡，并用它制作成服饰，讨取妻子和情妇们的欢心。丝绸之路首先在陆地上展开，由牦牛或骆驼组成的商队穿越沙漠、抵达绿洲，并在那里交易商品，或在短暂休息后继续他们的旅程。之后他们穿越险峻的山脉、战乱的

水上南充

饲喂蚕宝宝

地区，同时在整个旅途中促进了文化、商业、宗教等各种交流，跨越了不同的种族和政治意识形态……人类的社会生活在这段承载着历史的流动之路上延续了一个又一个世纪。

然后还有史诗般的海洋历程，在西方大国激烈争夺海洋之前，丝绸之路早已发现并征服了无数新的领土。这条穿越亚洲、阿拉伯世界和欧洲的海洋贸易路线逐渐取代了陆地贸易路线。一旦这些丝线以其最原始的形态抵达欧洲目的地，就会在那里被加工成高贵的织物、挂毯和服装。随着丝绸图案和用途的不断丰富，其销量也急剧增长。长期以来，意大利人在这一领域展现出了惊人的创造力和生产力。如果要详细叙述丝绸的开发历史，这将成为一部如荷马史诗般震撼的巨作。我在此仅简单记录一下与我个人的叙述最相关的内容。在局势动荡的数个世纪里，古代中国和罗马的皇帝、蛮族的国王，以及教皇都将丝绸视为神圣之物，将其用于制作奢华的纸张、高雅的织物、雄伟的挂毯或华丽的织锦。法国王室在丝绸的发展中发挥了主导作用。从弗朗索瓦一世到路易十四，在众多法国国王的大力支持下，里昂市成为无可争议的欧洲丝绸储存和纺织品生产中心。一代又

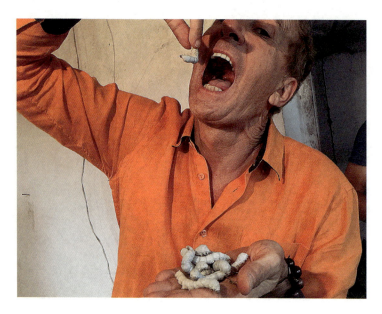

假装要吃掉它

一代的工匠在 5 个世纪内前赴后继，为这些精致织物在全球范围内的推广作出了杰出贡献。如今，我的家乡里昂依旧是丝绸之都，这里勇敢的丝绸工人不但在漫长的历史中为社会发展作出了巨大贡献，而且还强烈影响了当地的美食。我还记得年幼时和我敬爱的母亲伊薇特（Yvette）在红十字山的山坡上散步时，她向我讲述了丝绸制造业史诗般的过往。毋庸置疑，丝绸业工人阶级与资产阶级的全部历史都已经被深深铭刻在了里昂人的文化当中，决定了这座河滨城市的性格和特质。

这一次，我来到了位于四川省南充市的一个小镇。4500 多年以来，那里的人们一直在精心培育桑蚕，收集蚕蛹，制作成高级的材料并出口国外。在这里，就连村子的书记也是蚕农，而他向我传授了这个行业的基本知识。首先，我们必须从一棵桑树上采摘宽大的叶片，因为这是蚕最喜爱的，也是唯一的食物。正是在桑树上，蚕的父母，也就是蚕蛾首次进行交配，产出蚕卵，几经蜕变后，蚕宝宝便成为大家熟悉的类似毛毛虫的样子。每只蚕都能够分泌一种白色胶质，以茧的形式围住周身，人们随后从茧中抽取蚕丝，再组合为生丝。养蚕的房间必须保持 25℃ 的恒温，而且

蚕宝宝的舒适住所

每天都要消毒。蚕需要做的只是等待自己的食物，每次都会风卷残云地将桑叶啃食干净。当我们靠近时，成千上万的蚕开始更加狂热地蠕动身躯，这个画面实在过于神奇，就好像这些白色的毛虫和它们的饲养员之间建立了某种无言的联系。饲养员每天三次送来早餐、午餐和晚餐，这是"豪华酒店套餐"的一部分。它们一度被绿色树叶所包围和覆盖，但几个小时后，所有食物都踪影无存了。幸好他们只是素食主义者……贪吃的后果便是，人们每天都必须收集和处理这些小饕餮客们产生的大量排泄物。但令人惊讶的是，当我收集完这些迷你粪便后，养蚕人居然让我将其投入附近的池塘。粪便将成为鱼儿们钟爱的美食，且百分百有机！生命的轮回，总是如此奇妙而永恒。

大约八天后，蚕将在蜕变成蛾之前奉献自己的生命，而它们的茧也因此得以完整保留。有的蚕茧能够产出长达3公里的蚕丝，用来加工成丝绸。抽取蚕丝有两种方法。第一种方法并非最经济的，却无疑是我最中意的。在一条小巷子里，我遇到了一群专门从事这项劳动的妇女们。她们早已不再年轻，但岁月的积淀赋予了她们处理丝线时无比灵巧的双手，这项

最传统最纯粹的缫丝

手工工作所需的技巧绝非短期所能获得。欢声笑语中，她们一边聊天一边
以优雅的手势摆弄着在热水盆中浸泡的蚕茧，从中抽出珍贵的蚕丝，缠绕
到简陋的小木架上。行云流水般的动作体现着她们精湛的工艺。不过，也
有更工业化的方法——成千上万的蚕茧在分类后被添加至灵敏的设备中，
这一操作始终需要人工干预以确保顺利进行。随后，大型自动化机器将丝
线缠绕成一个个数公斤的线轴，运往或近或远的目的地。线轴将在织布机
上被织成丝绸并进行专业染色，加工为高贵的面料。至此，这种独具中国
特色的纤维材料便成功达到了数千年来始终如一的目标命运——极致的优
雅与精致，而这也正是丝绸的魅力所在。

24. 儒家曲阜

　　山东省的曲阜是孔子的诞生地，这位伟大的思想家、教育家和政治家生活在距今 20 多个世纪的春秋时期，他深刻改变了中国的教育制度，影响了中国的文化，甚至在很大程度上左右了中华文明发展的方向——他本人已经成为中国历史上最强大的思想支柱之一，而这些还只能算作是他广泛成就的一部分而已。

　　事实上，这位思想巨人的影响力远非仅限于中华大地，而是穿越了山河大海，走向世界。比如，孔子在许多亚洲国家从古至今都广受尊崇，而

孔子思想深深铭刻于中国大地

和孔子的门徒在一起

当下，又有数以百计的孔子学院遍布全球，这里传授着中国的汉语、哲学、历史和文化，乃至烹饪和太极拳的课程，而且他们每年都会与其他大学机构合作，组织学院去往中国的陌生城市游学，形成了一个有效的文化传播体系。

在遥远的当年，要成为孔子的弟子，人们必须恪守仁、义、礼、智、信等基本原则，还要恪尽自己在家庭当中的本分，像敬畏天命一样孝顺自己的父母，当然，他们还要来到曲阜，来到孔子的身边亲自领受教诲。在长达几十年的时间里，孔子正是以礼、乐、射、御、书、数兼及文武的"六艺"教育，培养出了无数的英才。

对于奔走在世界上的迷茫旅人，于我而言，曲阜古城之行也因此成为一堂不可或缺的必修课。虽然孔子已经离开很久了，但是他的血脉和精神却一直在当地延续着，令人趋之若鹜。这座魅力十足的古城早已成为所有信奉儒家学派的中国人，乃至孔子理念的海外推崇者不可错过的朝圣之地。我当然不肯放过这个机会，决定也拿出一天时间来好好体验一下曲阜的魅力。

曲阜的历史相当悠久，建筑保存相当完好，堂皇的府邸、古老的庙宇、肃穆的碑林，一瞬间就可以将远来者拉入历史的隧道，令人怀旧之情油然而生。无论是漫步在孔庙，迷失于无数亭台楼阁和其他结构组成的建筑群中，还是穿梭在孔府，惊叹于几百个房间组成的迷宫一般错综复杂的宅邸时，我心中都感慨万千，无声的建筑似乎正在响亮地诉说这位哲学家的荣耀与辉煌。最后，我又来到了孔林，这里现在已经辟为公园，而历史上其实是孔子和后裔的家族墓地，墓葬群保护完好，位于其中心的正是孔子本人的墓冢，这位传奇人物最后的家园。

　　事后观看我们在孔林拍摄到的画面，似乎一切都是轻松、愉悦的，甚至还弥漫着田园风的气氛，但实际上，在拍摄的当时，我的内心其实想到了孔子的成就，也想到了他的怀才不遇，他对所处时代的无奈与叹息——我似乎真的感受到了他的情绪，有了似乎在和他对话的玄妙感觉。可以肯定地说，这样穿越历史的旅行确实会让我们有机会进行日常难以达成的内在的深层次的精神探索，也让我由此深深沉入了一种无可名状的平静与安宁……直至一种熟悉的气味将我重新召唤到了现实当中，那是巷子拐角处羊肉串的味道——在这座小镇上，无时无刻不升腾和弥漫着的，不单单只有历史的氛围，也有诱人的生活气息。

25. 潍坊的风筝

　　许多地方都有自己的别名和美称，比如潍坊就是以"风筝之城"闻名于世。放风筝无疑是中国流行最广的游戏活动之一，各种年龄与社会阶层的风筝爱好者数量惊人。潍坊是中国东部的一座沿海城市，据说历史上最早的风筝就是诞生于此，而如今，国际风筝联合会的总部也设在这里，使它成为当之无愧的世界风筝之都。一直以来，风筝的制作都以传统手工业或者小作坊工业的形式在这里繁荣发展；如今，全世界80%的风筝都生产于此。将近900万的潍坊人钟爱着这片被游客，尤其是中国和亚洲游客喜爱甚至嫉妒的风筝之地。在这个宁静的度假胜地，人们喜欢一边轮流拉着

盛大的庆典

王者之风

童心未泯

丝线在海滩上奔跑，一边仰头看着天上飞翔的风筝。

　　我记得在我的孩提时代，小学时曾经观看过一部反映新兴的中法关系的标志性电影《风筝》，由法国和中国导演联合执导，与当年的我年龄相仿的法国和中国小演员共同演出。电影透过淳朴的讲述将我们带到中国，一个北京小男孩放飞了自己的风筝，希望它飞到法国，还带上了一封写给任何一个得到风筝的人的信。小男孩梦想着法国人能够把风筝带回来，并且邀请到法国领导人来中国。他的希望成真了，一个法国小女孩和她的朋友们为这一从天而降的呼唤而激动不已，由此开启了一场冒险之旅。这些头脑中没有国界、心中没有障碍的孩子们聚集在了紫禁城前，一起在风中放飞将他们的童年连接起来的风筝。我最近重看了这部电影，尽管它以今天的眼光看来有点不尽如人意，但仍然因其单纯而打动人心。然而当初，对我和当时的许多同龄人而言，这部电影都带来了情感上的巨大震撼，我们是第一次看到另外一个国家的图像，在我们眼中，这个国家和几年后人类才会登上的月球一样遥远而神秘……这部电影必定影响了我们这一代众多的人，其中少数真的成为环球旅行者，而多数虽然没能做到，但也从未忘记自己的梦想。这部电影展现出风筝在中国文化中，以及世界各国人民集体想象中的中心地位。

然而，我万万没有想到，半个世纪以后，中央电视台会要求我为一部纪念这部老电影的纪录片提供建议和帮助，因为这部电影被视为中法外交关系发展的一个关键推动因素。这部纪录片要在北京的一个公园里再现一些引人注目的场景，而我的儿子奥雷利恩和其朋友们将会出镜……另外一个感人的标志性事件是，2021年中国排演了《风筝》的戏剧版，由西安儿童艺术剧院的孩子们主演，在中国各地成功演出。所有伟大作品的当代改编版，其魅力都往往超越时空……

乍看上去，风筝似乎只是一种简单的玩具，但是其背后却蕴藏着众多的故事。在征战不休的战国时代，风筝被用作通信或者侦查的工具，这是它当时的典型用途。后来，它才重新恢复最初的诗意功能，即不断发展创新，持续负载着人们的梦想，寄托着他们逃离糟糕的现世的愿望。

每年春季，潍坊国际风筝节都会迎来世界各地的选手，他们纷纷展示出独属于他们的原创性风筝，有的微小，有的巨大，有的唯美，有的怪诞，有的基于生活现实，有的艺术气息浓烈，还有的充满象征内涵甚至寓言色彩。诞生于无拘无束的创作之下的风筝多种多样，任由成千上万不同年龄的观众自由观摩。

龙族统治天空

正是在这个欢快的活动现场，我有幸作为特邀嘉宾，为各国获奖选手颁奖。记得那天，我刚刚抵达风筝节大广场，就抓住不到五分钟的空闲时间，迫不及待拿起丝线，孩子一样尖叫着奔跑，那个形状奇特、色彩缤纷的风筝在空中上下翻飞，重新点燃了我心中童年的火焰。身边的人不得不客气地提醒我，大家还等着我参加正式活动呢，这一天才刚刚开始，摆弄风筝的机会还有很多。于是，我才和刚刚从一位年轻的空中杂耍练习者手中借来的风筝一起，不得不回到了地球上。

我的节目从访问一位该领域的权威人士开始，这位非常客气的行业大师在其工作室接受了采访。他的手艺源于其父亲，父亲则传承于祖父。在中国，代际传承是被高度鼓励和尊重的传统，很多行业都可以看到第五代、第六代，甚至更多代的传承人，那些精细的手工艺尤其如此，伴随经验的持续传递，工艺质量也持续提升。东道主王先生提议让我在其工作室制作一只风筝，并就左右的对称性和空气动力学原理给了我不少建议，这些都对顺利飞行至关重要。我选择了做一条巨大的鱼，但是不能不承认，我的画作与王先生工作室里任何一位专业人士都迥然有别，更像是刚刚出土的原始人作品。我已故的父亲莫里斯（Maurice）是一位著名的雕刻家和画家，他如果看到了，在坟墓里也会忍不住放声大笑。反正这就是我的作品，形状怪异而且色彩刺眼，但是带着我天真的趣味。遗憾的是，在一阵怪异的翻滚后，它突然大头冲下，一头栽在了地上，惨败收场。真是隔行如隔山……

是时候来到潍坊一望无际的沙滩，加入成百上千位比赛参与者的行列了，他们多姿多彩，各不相同的作品让观众们惊叹不已，大家似乎都忘记了自己的年纪，忘记了生活当中的种种烦恼……其实，潍坊的魅力绝不仅限于风筝这一优雅的空气动力学专长产物，也不仅限于那些追溯风筝无与伦比的过往的博物馆，甚至不局限于一年一度的国际风筝节。这里还有许多适合长途徒步旅行的乡村、著名的手工艺村落，以及一家可爱的民间艺术公园。现在，世界各地的人们正乘坐着飞机、火车、汽车等各种交通工具来到这里，唯一的遗憾是，他们还不能乘坐风筝而来！

26. 中国贵宾和日内瓦湖暴风雨

　　时光回到 2007 年的秋天，我在日内瓦乡村的家中，听到电话铃声响了起来。电话中他们告诉我："奥利弗，一个中央电视台高级代表团要来贵国参加在洛桑奥委会总部举行的大型会议，您想在他们短暂访问日内瓦期间接待他们吗？"当然，我很想！我应该感谢中国，每次都像欢迎国王一样接待我，这次接待正是礼尚往来的机会。

　　早在几年前，中国就获得了 2008 年奥运会举办权，无论在经济还是外交方面，这个重大事件都对庆祝中国跻身世界最高层级至关重要。这次洛桑会议召开是为确定下一年电视播出的最后要点。我准备在他们回到日内瓦时接待他们，次日他们便将乘飞机返回北京。瑞士之行的最后一天，他们将入住我朋友经营的酒店，我将为他们安排一个难忘的下午和晚上。他们很乐意接受我的邀请，前去游览加尔文市，虽然行程安排得很满，但奥利弗本人亲自担任向导，他们感到很欣喜。当时，由于《城市之间》在中国反复播放取得了巨大的成功，征服了全国不同年龄和社会阶层的观众，我已经成为中国荧屏上的大明星了。

　　当天，我前往代表团下榻的酒店和他们会合，代表团由央视领导带队，同行的还有央视其他决策层成员。我坚持请他们喝了一杯香槟，并强调这是我国接待贵宾的惯例。一辆豪华的贵宾车辆在街上等着我们，这是我在老朋友杰基·萨尔扎德（Jacky Salzard）那里预订的，杰基是日内瓦的大名人，Globe Limousines 公司的老板，是所在行业无可争议的领先者，许多来到这座国际城市的国家元首和明星都成了他的客户。身穿制服、戴着白手套的司机对整个行程已经了然于心。优质的服务将满足我所有的期望和要求，哪怕是心血来潮，当然最重要的是，可以为我的客人提供完美的日内瓦旅行记忆。

行程从参观国际机构区域开始，我们依次参观了联合国、世界卫生组织、世界贸易组织和其他机构的所在地，最后来到日内瓦湖畔，再乘一艘小船去到对岸。在这期间，司机开着豪华小巴绕过港口，在我们抵达的码头前停好车。我们一行十个人都上了船，正常情况下，这次短暂的航行将持续十分钟左右，足够我们在宁静的湖上拍照留念，但是……突然，天空乌云密布，风越来越大……暴风雨来了！雷声隆隆，暴雨倾盆而落，游船开始晃动，十分危险，船长急忙高声喊道："大家不要惊慌，不要害怕。这种天气我见多了，暴风雨很快就会过去，没事！"我立刻把船长说的话翻译成英文，传达给一位贵客——他一直不动声色，想来水性很好，这位贵客接下来又把这些安慰的话翻成了中文。这时我们突然发现，我们各自的手中都抓起了一件救生衣……大家都忍不住放声大笑起来。看来灾难还不够可怕，无法破坏我们在浓厚的友情氛围中分享偶然的疯狂体验的乐趣！船到了岸边，船长驾轻就熟地靠上了已经被雨水淹没的小码头。我们还要在大雨中走几米，才能到一个有机玻璃亭子下面躲雨，喘息一下后再跑到不远处等待着我们的司机那里。重重的冰雹拍打着亭子的顶部，我为自己欠妥的安排向大家表示了歉意……然而，副台长爽朗地笑起来，说一切都是最好的安排，这独特的机会正好可以考验高管们的团队精神，还要感谢这次难忘的小插曲呢！的确，天有不测风云，这是我们都无法预测和安排的，但是在我们这次伟大的湖上团队探险中，老天爷还真的成了磨砺心志的帮手。

随后，我们回到了车上，觉得那里比以往任何时候都要更舒适，唯一的遗憾就是哪里都被搞得湿乎乎的。按照我的计划，行程下一站是去参观日内瓦著名的游艇俱乐部 La Nautique，这家俱乐部的埃内斯托·贝塔雷利（Ernesto Bertarelli）不久前刚刚带领自己的阿灵基（Alinghi）船队赢得了著名的美洲杯帆船赛的冠军。我们喝了一杯香槟，又拍了一些很棒的照片，这时候暴风雨已经完全停止了，天空又变成了蔚蓝色，我们继续前往日内瓦的老城区。

老城区历史悠久，古香色古，魅力十足，我们一行人漫步在鹅卵石小道上，突然……日内瓦市长本人从市政厅走了出来，对我喊道："奥利弗，我的朋友，你好呀！你又来瑞士了？"当时担任市长的曼努埃尔·托纳尔（Manuel Tornare）举止优雅，看到我和一群中国朋友在一起，他并不感到意外，他和其他朋友一样知道我对中国很感兴趣，而且还从众多瑞士媒体上看到了关于我这些活动的报道。我向市长介绍了来访的代表团，代表团很诧异我居然和市长有这么好的交情，可以很轻松地见到他，或许大家都在想，天知道奥利弗这家伙还有多少花样，能够变出多少让人惊喜和着迷的戏法。市长也很荣幸见到我的贵宾们，兴冲冲地谈起了他过去的中国之旅。相信告别我们之后，市长先生也会觉得今天真是运气不错吧。

我们在附近一家精致的小酒馆又喝了一杯香槟，然后准备去享用一顿传统瑞士晚餐，以纪念我们的友谊。晚餐后，舒适的小巴车把客人送回酒店，他们将在那里度过余下的日内瓦美好时光。我的招待完美落幕。

更完美的是，这些贵宾当中的一位在几年后将影响到我的命运，但是我当时显然不可能预料到……

转眼已经是 2018 年，这些年来，我一直往返于瑞士和中国之间，每年定期来中国两三次，每次停留几个星期，为不同的中国或国际电视机构录制各种节目。这样的旅行简直让人精神分裂——在中国，我是青少年们追捧的人物；而在瑞士，我又成了鲜为人知的过气明星。奇怪了，当 2 亿中国人迫不及待想要见到我的时候，我还得努力讨好 20 万讲法语的瑞士人！

在短暂的工作间隙，我独有的忧郁不期而至，将我带入了存在主义的沉思。我似乎听到了对自己生命的革命性召唤，让我无法入睡，这召唤声急切呼喊着："彻底改变吧！奔跑吧！飞翔吧！"我应该把生活掌握在自己手中，勇敢迈出一大步，与家人一起远走他乡，一起去这个充满希望和关怀的亚洲国家。这事儿一直萦绕在我心中，妻子和孩子们看到我的百无聊赖一点点吞噬了天生的乐观，于是也都支持我的想法。我会一直让自己这么纠结下去吗？当然不会。

话虽如此，但促成变化的最后推手却是一次难以置信的意外。我居然在一次夜间检查当中成为日内瓦交通警察的受害者。众所周知，这个群体早已因行事鲁莽而声名狼藉，而这一次，他们当中一个30多岁的小年轻、兼职的私人格斗教练，显然没有受到过充分的执法培训，以一个根本站不住脚的借口刁难我，还对我进行人身攻击，最后更为掩盖自己的行为做了伪证。遗憾的是，他的集体却不问是非只问亲疏，串通起来全力庇护他，这简直是一场灾难。我深爱着瑞士，而这个粗鲁的交警——他似乎早已忘记了自己的职责是维护社会治安和保护公民。我们知道，在民主国家中，公民自由的伟大原则有时会包含很多政治上的虚张声势，并可能被这样的不值得的行动所践踏。幸运的是，长期的旅行生活教会了我不去钻牛角尖，因此不至于变得过于痛苦或生出幻灭之感。

因此，我决定在这种负面的情绪爆发之前远离它，尽快前往中国，重新获得合理的安宁、希望和平静。我已经注意到，中国的安全管理方式有所不同，目标是保持每天的安宁，并没有什么多余的热情或者持续的压力。这是一种中国特色，他们教授和培养和谐，这对国家保持必要的平衡至关重要。我需要的一切并不遥远，我只要转过头去，就会看到我的新生活之光在远东闪耀，预示着美好的日子即将来临……要改变命运，必须付诸行动。

利用在北京工作停留的机会，我进入了央视一位高级官员的办公室。这位才华横溢的官员很欣赏奥利弗和他的工作，而且多次请奥利弗参与重要电视节目的录制。信任是存在的宝石。为了回馈他的关照，我一直努力工作来兑现他的赞美，绝不让他的判断落空，随叫随到，全力以赴，将丰富的经验以最大的热情投入每个拍摄项目，并且还乐于为年轻的制作团队提供建议。每次，我都认真地履行了合同，漂亮地兑现了承诺。当然，这一切也是对过去一次美妙之旅的致敬……因为我前面已经提到过了，这位好心人正是几年前我在日内瓦接待的高级代表团中的一员，他对当初的经历也一直是记忆犹新。

总之，作为朋友和亲密合作伙伴，真正的中国追随者，人们眼中中国和西方之间一座坚实的沟通桥梁，我来到了他的面前。我们的谈话内容大致如下。"亲爱的奥利弗，我对你的来访感到高兴，有什么事儿呢？""亲爱的总监，我有件重要的事告诉您。前几天在日内瓦，我儿子奥雷利恩过13岁生日时问我：'爸爸，我们什么时候才能像你承诺的那样在中国生活？我想说中文！'我的女儿蕾雅和妻子赛芙琳都支持这个想法！所以，如果你愿意，我们准备立刻在这里安顿下来。不必再欧洲中国两边跑，我也就可以为您以更高的效率做更多的事情。"

总监深思了一会儿，对我说道："行！"就这样，我的新生活开始了。

显然，中国工作和生活的一大特点就是，一旦作出了决定或者达成了协议，后续的行动就会立即开始，纷至沓来（习惯于缓慢决策和缓慢行动的欧洲人有时可能会对此感到不安）。不到一小时后，回酒店的出租车上，我的电话就响了起来，一位中央电视台的行政人员用蹩脚的法语高兴地说："奥利弗，你现在是我们的一员了。你可以发给我一份护照复印件，方便我明天起草你的劳动合同吗？欢迎加入！"这个电话确实是很匆忙，很不正式，却给我带来了一种甜蜜的兴奋，让我永生难忘。

从那时开始，我一次又一次地证明了总监先生的决定是多么富有远见，这一决定不但让中国国际电视台受益匪浅，也让我的小家庭发生了积极的改变——当然也许应该说，只是回到曾经美好的当初。我一直清楚地知道，我们决不能让太太受够了你对她的漠不关心，受够了她发出的信号没有被你接收到，受够了你因为怯懦的借口或者虚幻的舒适感而放弃对更好的渴望和追求，到那时，失去的东西就再也找不回来了……当然，每个人有每个人自己的选择，而这些选择又受到诸多负面因素的制约。在世界的每个角落，都有人成为这些负面因素的牺牲品，生活在痛苦之中。可是，当冒险夫人与幸运夫人组成不可抗拒的二重唱时，她们是知道如何创造奇迹的，我看到了这一切，理解了这一切，满怀欣喜与谦卑。

那天，当我向家人宣布这个好消息时，中国和瑞士之间的电话信号波肯定发生了强度异乎寻常的热情振荡。家人欣喜若狂，迫不及待地收拾行李，要开启家庭生活的全新篇章。

于是，我们带着光明的灵魂和纯洁的心在中国首都居住下来，很快就成为真正的北京人，幸福地生活在这个大都市，这里的生活品质每天都让我们感到惊讶。

27. 佤族人和我的小小不幸

位于中国西南部的云南省是众多少数民族的摇篮，而新一季《奥利弗游中国》序幕拉开之际，我们来到云南一座偏僻小山上的传统村落，拜访鲜为人知的佤族。与我同行的还有十几个人组成的电视摄制组，分别来自北京和中国其他地方。在前往这个被称为"云中之地"的偏远村落的途中，我的内心轻松而纯净。那里不通铁路，也没有高速公路，只有一条长长的小路在高山深谷间蜿蜒盘旋，放眼望去，周围是一片青翠夺目。佤族

佤族村寨

174

穿越岁月的邂逅

"王座"的威严

人崇拜水牛神，他们把水牛的头作为图腾点缀在村子里，以祈求祝福、庇佑和稻谷丰收。他们如今早已放弃了传统的人头祭祀，代以某些动物，非常热情好客。这样更好，我们可以安心做客了，印第安纳·琼斯（Henry Indiana Jones，《夺宝奇兵》系列电影的主角）的勇气和身手已不再是必不可少的。我们对这些当地人的探访将从文化、田园生活和友好交流的角度来展开——或许还可以包括探寻美食，尤其是在村子的中心，当人们围成一圈跳舞时，我却注意到了中间的大锅正在冒烟……

　　不过，一切还是首先要从几天前讲起……2018 年一个秋日的晚上，我在日内瓦的家里组织了一场大聚会，邀请了所有的朋友和邻居，宣布了一条重大消息：我这次的中国之行将与之前所有的旅行完全不同，因为将不再是一次几周时间的往返，而是一次单程旅行。实际上，我将在中国长期定居，我自己几天后就前往中国拍摄下一季的《奥利弗游中国》，而我心爱的小家庭则将在一个月后去和我会合。我们为即将到来的新生活感到开心，充满期待。香槟酒恣意流淌，拥抱接吻接踵而至，灿烂的焰火照亮了宁静的乡村，鼓励和祝福就像阵阵炸响的鞭炮，每个人都在拍照留念，并给出或多或少有些帮助的建议。我们把家里不能带走的物品分赠给了每个人，也收到了送别的礼物，激动人心的夜晚在阵阵笑声和泪水中结束，有些客人已经开始想念我们，并发誓他们以后也将真诚地想念我们。这一切真的令人感动，但更加令人欢欣鼓舞的是，新的一页翻开，生活仍在继续。第二天晚上，伴随我飞往北京，旧日的故事落下帷幕，新的故事将在喜悦和期待中开始。

　　几天后，我在一个早晨来到了神圣的佤山，是时候结束回忆了……四个世纪以来，佤族人一直保持一种非常好客的习俗，就是在所有来访者的额头点上一个黑点，以祝愿他们在这片土地上受到欢迎，平安健康。我虽然好奇却不敢询问，以前将被当作祭品的人会被点上什么颜色……这本来是一场非常友好的仪式，但是我抬起头来接受祝福时，突然抑制不住地开始怀疑——这不会是针对旅游者的噱头吧？于是我以友好却略带讽刺的口吻，对一位当地的助理悄悄地说了我的想法，然后我便发现这一想法是多么愚蠢！他悄声以所有伟大的神灵向我发誓，说情况并非如此，村里人就是在以最纯粹的传统接待我们。我顿时感到非常抱歉，立即摒弃了这个过于肤浅的想法，并为之真诚忏悔。美丽而友好的村民们开始在我面前载歌

智者和他的烟斗

我跌倒前一秒拍摄的女士

载舞，像唱诗班一样快乐，一下子就把我带进了他们欢快的氛围中。村里人热情地欢迎我们，很自豪地展示他们的文化，似乎我是代表了自己西方同胞的使者，虽然现在对佤族的历史习俗一无所知，但是将来也许会成为他们热心的宣传者。这让我越发对刚才的误会感到羞愧——奥利弗，你差点就像个傻瓜似地给自己招来耻辱。村里人用小瓷碗给我端来了一种不能说不美味，但是又确实有几分难以言喻的草药饮料。他们告诉我，在喝之前，我必须在地上滴几滴，祭奠好客与和谐之神。我高兴地照做了，并一口气喝下了草药，希望这药水能永葆青春。这个小山村向我敞开了大门，我会全身心沉浸在这群有趣的人和迷人的文化当中。

跟着木鼓声的引导，沿着稻草铺顶的房屋间的小路，我来到了一位打鼓的年轻女子面前。她向我解释说，这种乐器是神圣的，一直是他们所崇拜的神的声音信使，所有的祭祀活动都离不开鼓声，人们会跟着鼓点跳起祭神的舞蹈。于是，我也模仿着她的节奏，拿着两根木质的大鼓槌比画起来。然后，她带我去见她的叔叔，在一间小农舍里，一位身体健壮、神态自若的老人抽着一根很长的烟斗，烟雾在令人惊叹的灯光中盘旋起舞，好像一部异国冒险电影中的镜头。老人礼貌地把烟斗递给我，笑起来时露出了一副被岁月和烟草腐蚀得很厉害的牙齿。我很高兴能和他共享这支象征着和平的烟斗，这烟斗在我幼稚的想象中是如此珍贵。我带着极大的敬意向这位"伟大的酋长"告别后，智者的侄女又把我带到了村子的中心，这里有一座宏伟的木楼，我在里面和佤族社区的两位年轻人一起品茶。美丽的向导请我坐到佤族国王的祖传宝座上，而她则坐在我左边的木凳上，像君主的嫔妃一样。坐在象征君主权力的宝座上，确实令人兴奋不已，这真是一个印象深刻的瞬间。

我独自一人在奇特村庄的石子路迷宫中漫步，看到一位散发着神秘气息的老年女人蹲在平坦的碎石堆上，周围是一些小的爬行灌木，她似乎沉浸在这个午后的恬淡与美好之中。我走过去，亲切地问这个充满魅力的女性是否允许我给她拍照。她微笑着点点头，我开始后退，以便更好地取景，眼睛紧紧盯着镜头。由于被拍摄的人物奇特，光线的运用也独特，这张照片无疑会很特别……就在这时，灾难降临了，残酷的事件将改变一切。我的脚绊到了地上一块不规则形状的大石板上，整个人重重地向后倒下。幸运的是，我的头没有碰到极其坚硬崎岖的地面，但情急之下的自我保护动作使我的肩膀猛烈地撞上了坚硬的石头，我的锁骨摔断了。

虽然勉强避免了一场更危险的惨剧，但眼下的意外也不是没有后果。该何去何从？先来看看当时的大致情况。我们今天本来要开始拍摄一部预算庞大的，走遍中国的系列纪录片。可是现在一切都戛然而止，因为我受伤了，拍摄只能暂停，大家回房待命。我心情非常沮丧。赶到事发现场的摄制组人员非常担心我，为了让他们放心，我掩饰了受伤的严重程度，同时努力控制越来越强烈的疼痛。我们在偏僻的山村，只有一条蜿蜒崎岖的颠簸山路通往外面的世界。我们恐怕叫不来直升机，就算能做到，也不知道需要等待多长时间。别无选择，我们只能乘小巴去到最近的城镇，一路上走了两个小时，而我自己主观体会当中的用时无疑要长得多，甚至接近永恒。在街角的小医院里，X 光检查很快确认锁骨多处骨折，然后我就面临着两难的选择。一个选项是就地手术，意味着我将不得不在那里待上几天，而我孤身一人，还不会说中文，要命的是伤的还是右肩，我又不是左撇子。另外一个选项是先用强力止痛药缓解我的疼痛，然后立即坐飞机回北京，再选择是在北京还是日内瓦做手术。我采取了第二种方案，几天后……

我在日内瓦乡间的小街上散步，手臂吊在肩上，上着夹板，三天前我到达了瑞士，做了紧急手术。一周前郑重告别的那些亲爱的邻居们看到我回来都惊呆了，每次见面他们都会重复说："不可思议的奥利弗，你会永远让我们吃惊的！"然后就是哄堂大笑。好吧，我没走成！不过也好，我们得以再次见面，把上次忘记的话说出来，让我们的友谊更加深入。我在家人的精心照料和呵护下结束了美好的疗养时光，我的妻子和孩子们对我的情况感到放心。受伤的英雄得到他们的关心，制片人完美地安排好了一切，我终于又可以飞回中国这片乐土去继续我的旅行。当然，我也会忍不住想，我也许无意中得罪了某个神灵，她要因为我的胆大妄为而惩罚我，于是给了我一个小小的，但不会严重伤害我的教训，因为她明白我并非作恶多端，只是总会调皮捣蛋，或许常常有点太轻率……结果好才是真的好，感谢生活！我无时无刻不对他人保持尊重和谦逊的态度，但也会因本能的、难以压制的调皮和幽默而不时陷入险境，甚至会招致身体上的伤痛。拥有健全的良知并每天受到善意的肯定或许是对自己最好的监督。

28. 京剧在上海

　　最令我深受感动难以忘怀的节目制作经历，毫无疑问是与我的孩子们一同进行的那些拍摄。我依然记得，在我女儿蕾雅 10 岁生日那天的最后一刻，我给了她一个巨大的惊喜——邀请她参加中法合作的特别节目《城市之间　英雄少年》。对于我钟爱的小冒险家而言，简直没有比这更好的礼物了。早上，她从日内瓦乘飞机抵达，由制作人委派的特使接到拍摄现场，飞速奔向属于她的电视演播室。由于法国队人数已满，她最终成了……中国队内闪耀的一员！毫无问题，格朗让家的人从来都是随遇而安。

京剧的魅力

另外一次录制则是与儿子奥雷利恩一起，也是我近年电视生涯的一个伟大时刻，但是时间上比女儿那次晚，是我们刚刚在中国安家时的事情。他从很小的时候（只有 4 个月大）开始，就曾经多次在中国短暂停留，现在这个熟悉的国家已经成为他的新游乐场和新天堂，而且是他自己选择来到这里冒险的，这将定义和引导他刚刚开始的青春期。那时的奥雷利恩刚满 13 岁，依然是俊美的儿童面庞，身体却已经像个小男子汉那样强壮，让我这个老父亲回想起来都忍不住夸赞。如今，他已经快成年了，整个青春期留下了令人眼花缭乱的记忆，而幸运的是，这些记忆都被定格在了画面上。

那时正处隆冬，虽然北风劲吹，中国的天空却是蔚蓝一片。奥雷利恩正陪着我拍摄一部关于服装演变的纪录片。奥雷利恩自然坦率的气质很快吸引了制作方的注意，邀请他直接参与到影片当中。于是，我们父子二人组来到了这座城市中最负盛名的剧院之一，在广场上开始拍摄。几周以来，一家京剧团一直在那里演出他们的新戏。摄制组的机器开始运转，奥雷利恩的西式魅力迅速征服了镜头，他无疑将很快成为中国年轻观众的新宠儿。有其父必有其子，这句俗语说得确实没错，他在即兴表演，担当电视开心果角色时是那么如鱼得水，乐在其中。根据导演的要求，他需要从几款脸谱当中选择一种，他选择了孙悟空。孙悟空是一个在中国神话中非常受欢迎的角色，他的冒险故事因为一本著名的小说而家喻户晓，后来还成为各种戏剧、戏曲、电影、卡通、游戏、漫画甚至歌曲的题材。不论是在中国还是日本，这都是一个经典的文化元素。这部由吴承恩于 16 世纪创作的传奇小说《西游记》在包括法国在内的许多其他国家也有出版，讲述了大量关于长生不老、魔法力量、佛教、具有象征意义的动物和恶作剧的故事，而这一切都发生在一场前往西方的惊险旅程当中，一切诗意的冒险都是为了这一目的。如果非要说有一本书在持续成功方面可以与整个法国文化相媲美，那么无疑就是这一本。每一个中国人都对这本书里的故事烂熟于心。

学习京剧

　　经过整整 30 分钟的专业化妆，我惊喜地发现我的儿子看上去似乎已经变成了猴王。接下来是专门的服装，当琳琅满目的京剧服装呈现在眼前，我们如同置身于阿里巴巴的宝藏洞穴。这些服装是如此奢华，令我们父子二人惊叹不已，它们似乎是在讲述京剧的深邃文化内涵，又似乎是在讲述中国过去的繁荣与优雅。穿上孙悟空的服装后，奥雷利恩便开始在专业人士的指导下学习角色专有的身姿和仪态，优雅的步伐，最后穿着全套行头练习了几招武打动作……他沉浸在无与伦比的快乐之中。如果他在日后刚巧选择了艺术事业，那么能够在这短短的一天之内、在满是聚光灯和各种大师的舞台上取得如此大的进步，对他而言是一种多么幸运的特权……这个小小的"小丑二代"早已清楚展现出自己点燃一个又一个舞台的愿望，我们几年后便可清楚地知道他是否会真的走上这条路，如果答案是肯定的，那么毫无疑问，正是今天成就了他激情的起点，眼下这些充满了炽烈热情的画面就是最好的证据。当然，答案也可能是否定的，无论他最终作出怎样的选择，我都将给予支持，这是每个慈父的首要使命。不过无论如何，我都可以肯定，小小年纪就热衷于获取艺术成功与掌声的他，似乎并不适合银行柜台或政府办公室。他经常当众摆弄吉他和萨克斯管，便是这种个性的最佳证明。让我们拭目以待吧。

你可能想问我，你今天没有任务吗？我不是应该负责纪录片的拍摄吗？当然是的，只不过，在开始谈论我的工作之前，我更乐于先讲述我所见到的、令人叹为观止的一切，讲述我亲爱的孩子是如何走近京剧，怎样被一个个的惊喜俘获的……现在终于轮到我登场了。我被邀请和身手了得的京剧演员们一起，参加一次舞台彩排。这是一场正在排练当中的大戏，准备参加国家级的比赛，一窍不通的自己居然能够有机会参与其中，让我兴奋不已。当然，这个安排只是为了娱乐效果，未来的正式演出当中是不可能有我的位置的。夸张的是，为我准备的华丽如皇家礼服一样的戏服，居然需要两个人的帮助才能穿上，这套服装由多层彩色和金色的面料缝制，而且和剧团其他奢华考究的服装一样，全都是他们的女裁缝手工制作而成。人们给我戴上了一顶庄严而又夸张的头盔，还将翅膀一般巨大的靠旗固定在我的后背上作为装饰，旗帜上是雄伟的飞龙图案。我就这样跌跌撞撞地走上了舞台，来到了指导节目制作的专家面前。我的局促让他忍俊不禁，而这也为之后意义非凡而诙谐有趣的时刻奠定了基调。在经验丰富的演员和舞者中间，我竭尽全力地遵照艺术指导的指示进行表演，但这项任务似乎根本无法在一天之内完成。首先，我必须以极为精确的节奏在舞台上行走，我的步伐必须轻快而优雅，但穿着这样沉重到令人窒息的服装，要做到这一点实在太难了……我的身体必须相较于头部和脚部略微倾斜，这是一种特殊的技法，为了表现出优雅的效果，反复的训练必不可少。

当天最大的惊喜之一（因为我并未事先得知），是另外一个电影团队也来到了现场，他们在这里测试一种新的 3D 技术，将在真正演出时用于录制全剧。于是，我有幸成为他们的小白鼠。当时的我已经能够想象人们在观看试播片段时会想到什么，他们发现拍摄团队选择的模型居然是一个看上去傻乎乎的西方人，却装扮成了中国古代的一位帝王，而周围还簇拥着一群专门保护他的士兵，迈着舞步、翻着跟头……很快，我便意识到自己的表演远远无法与这些专业人士相提并论，而我录制节目的初心只是为了向观众呈现这一独特的戏曲文化，于是我选择释放内心的小丑，以幽默的方式来娱乐大众。这个方法显然奏效了！我一边演绎着学到的动作，一边以夸张的形式展现我的错误。然后，面对我笨拙的表演，所有人都被我逗得哈哈大笑。我的儿子在后台笑弯了腰，制片团队因我的滑稽动作笑声不断，就连导演本人也对我每一次既笨拙又专心的亮相竖起了大拇指，还对我眨眼。3D 电影团队则建议我为了画面效果和造型感多做一些夸张的动作……我开始更加专注于我的表演，并尽自己最大努力来重现之前学到的动作。与其他演员之间的默契已逐步形成，人们都在为我喝彩。终于，我们结束了这场录制，并对结果相当满意。这次经历让在场的所有人超越了国界，也超越了服装和文化的差异，在戏剧本身的魅力之中变得更加亲密了。我很高兴地承认，自己逊色的表演远不足以展现中国戏剧的博大精深。在拥抱和赞美声中，欢乐在所有人之间传递！

这场京剧沉浸式体验在当晚画上了一个圆满的句号，我遇到了一位在中国大受欢迎的年轻京剧女演员，她在京剧界广受赞誉，刚刚结束了一轮巡演。她的年纪大约只有 25 岁，让我深感诧异，因为我很难将看似真正适合这种年龄的艺术和音乐品位与古老的京剧联系在一起。不过，仔细一想，其实这二者并不冲突。当她在逛街的时候，耳机里完全可以播放着黑帮说唱，这其实并不影响她在其他时间里专注于京剧。她告诉我，自己从小就喜欢京剧，利用课余时间去戏校学习，她今天这份美好而收入颇丰的事业那时就已经奠基。她还告诉我，无论她的剧团在哪里演出，都有来自各个不同阶层和不同年龄段的观众来欣赏表演，而我在她上海站的演出当中也亲眼证实了这一点。我不禁思考，中国的各种传统文化能够不受代际障碍的影响，顺利地延续至今，那无疑是因为中国人对包容性、多样化、选择自由的推崇……一如他们对美食所展现的态度一样！好了，是时候去品尝一下当地特色小笼包了。在觅食的途中，我忍不住用口哨吹奏起来自另一个世纪的旋律，一段又一段优美的高音在历史中吹响着永恒的胜利号角。

29. 兰州的牛肉面和铁桥

兰州是农业大省甘肃省的省会，也许很多中国人从未踏足此地，但是，在国内外的众多餐馆里，人们随时随地都在以自己的方式在餐桌上赞颂这座城市。美味的兰州牛肉面享誉全球，也让很多商家赚得盆满钵满。据说，这种美食的历史可以追溯至唐朝（7世纪至8世纪），后来甚至传到了日本，逐渐演变成为日本的美食象征。不得不承认，世界上可不只有意大利面这一种面条令美食家们趋之若鹜……

牛肉面的原材料是小麦和炖煮的牛肉，面条采用独特的手艺手工拉制，这种杂耍一般的技艺在成为一种神奇仪式的同时，也为食物增添了独特的魅力。厨师们拉面过程中展现的敏捷身手让人惊艳，他们经常在餐厅玻璃橱窗背后或食客都能看到的开放式厨房里工作。在兰州，我遇到了拉面师傅中最著名的一位，他坚持要向我展现其娴熟的技术，虽然结果总体而言值得称颂，但较之他的教学模型还是略微逊色一筹。面条煮熟后，厨师们会将其放入一大碗加了辣椒油的肉汤中，一眼看去，白萝卜、蒜苗、香菜和辣椒油为这碗面条点缀出四种不同的色彩。

牛肉面是构成这座城市文化的关键要素之一，也是当地人代代相传的骄傲。不过，我拜访兰州的原因却不仅仅是美食。尽管这座城市的市区说不上多么独特，但是其所辖区域内却隐藏着真正的宝藏。在离这座河畔城市不远的地方便有一处绝无仅有的奇观，那就是有着"千佛洞"之称的炳

兰州面条的艺术进修

灵寺石窟，坐落在悬崖峭壁上，全靠人力开凿而成。我在里面欣赏了壁画、岩刻以及其他精湛的造像，包括一座雄伟的唐代弥勒坐佛。这座造像高 27 米，完美地嵌入了人们在创造它时专门挖掘的山壁之中。所有这些被列为世界遗产的奇观都是在 5 世纪至 16 世纪之间由勇敢的匠人在多位大师的指导下创造而成的。更有趣的是，我和其他游客一样是乘坐一艘小船来到这里，因为水路是进入石窟的便捷途径，而这对保护此地风貌而言无疑是一个绝佳的方式。小船沿着雄伟壮丽的峡谷行驶，一路上风景如画，两岸的奇石巨岩让我恍然有身处美国西部片中之感……

兰州城始建于 2000 多年前，城区沿着极具传奇色彩的黄河绵延 30 多公里，两侧的山脉以道教圣地而闻名，山中随处可见雄伟的宝塔和寺庙。黄河是条名副其实的泥泞之河，对我有着不可抗拒的吸引力，因为河流的历史与这个国家和民族的历史息息相关。它之于中国，正如尼罗河之于埃及、恒河之于印度。我想要探索更多关于这条河流的一切，我甚至像千年前的当地居民一样利用最原始的船只渡河——若干个充气的羊皮皮囊被固定在一个简陋的木质框架上，制成当地独特的羊皮筏子。陪伴我们的只有一位精力充沛的年轻船夫，他信心满满地表示会将我们送至对岸，而我们在脆弱的小筏子上却如坐针毡。在浅滩的中间部分，愈发猛烈的漩涡使得筏身以令人不安的形式倾斜起来。但是，我们的救生衣就是为了可能发生的沉船而设计的，尽管我们从不相信真的会发生这种灾难。在类似这样的情况下，我总是将信任交托给命运，以及我自认为不错的身体素质，当然最重要的还是倚仗着那些看起来比我更大胆的同伴们的经验。还有什么能比歌唱更好的方式来迎接各种挑战，歌颂我们所珍视的生活呢？坚强的幽默感和发自内心的乐观精神，足以让我们战胜所有的危险。我就是带着这份心情唱起了著名的《黄河大合唱》。自从我目睹了黄河的景象以来，这首歌始终萦绕在我的心头。我面向黄河展开我最真诚的笑容，张开双臂拥抱激荡的波浪，在感到心潮澎湃的同时，努力去适应古代人渡河时必须面临的严酷条件。

安全抵达对岸后，我径直往那座一百多年前彻底改变了两岸居民生活方式的大桥走去。人们不再需要乘坐筏子载货渡河，伴随工业时代到来，这座兰州第一桥让百姓在 20 世纪过上了更好的生活。然而，黄河铁路桥的诞生是一个多么艰难而危险的过程啊！这座桥由德国人承建，美国人设计，中国人施工，历经三年的不懈努力方才建成。它于 1909 年落成，至今依然深受人们的推崇和喜爱。在桥的正前方或桥上拍摄全家福已然成为一种传统，因为这是一种幸运的象征，也代表了对万千劳动者无限的敬意，正是他们在那个落后的年代、在难以想象的艰苦条件下完成了桥梁的建造。如今，这座桥已禁止机动车通行。奇怪的是，它突然让我想起了某位埃菲尔先生（Gustave Eiffel）的一件艺术品，其结构也完全由钢铁制成，充满巴洛克式的魅力。

还有一座博物馆专门为人们展现大桥的历史，在那里，我们方可真正了解建设这座桥梁的重要性：尽管繁荣的丝绸之路曾穿过这座被黄河一分为二的城市，但这条难以穿越的河流始终让兰州如鲠在喉。在昔日工地上拍摄的一些工人照片令我深受触动，我仿佛亲眼目睹了过去年代残酷的生

一碗兰州牛肉面

沿用了千百年的羊皮筏子

存环境。我也不禁思索，我们的世界是否已经变得更加公平？历史的教训是否已经让新时代的人类变得更加善良，更加团结？答案呼之欲出……幸运的是，在世界的任何角落，我们都能遇到善良而勇敢的大多数，也正是他们让我们有勇气去相信即使是如此混乱的世界，也依然在日复一日朝着更好的方向进步，最终会迎来和平的一天。

　　大桥的建设者都将成为桥梁的一部分，百年前的兰州铁桥的建设者是

劳动最光荣

如此，而今日的"超现代桥梁"的建设者也是如此——他们正在当地加紧修建穿越黄河的隧道。当我来到地下 50 米的深度，见证了由英勇的建设者们为了让人们的出行更加便捷而在黄河底下辛勤挖掘，建造城市未来的地铁时，我又该对他们说些什么呢？除了"你们太棒了"，我也想不到其他，但他们似乎听不懂我蹩脚的中文，所以我索性竖起大拇指，在安全帽下展现出一个微笑来传递心中所想。他们举起满是污垢的手微笑着回应我。稳步前进的巨型机器无情地碾压着一块又一块屈从于其偌大威力的岩石，宛若来自另一个星球的暴食怪物。施工有条不紊地进行，我见证了想见证的，感受到了所预见的，努力呼吸着充斥了施工现场尘土和油料味道的空气，似乎觉得这些味道也不再那么令人生厌了。现在，我终于感觉自己履行了此次兰州之行的所有使命，也是时候去赴一赴一位友善路人的约定了。我和他在铁桥上相遇，还用我的经典姿势和他一起自拍……然后就让我和他一同体验一下兰州牛肉面的美味吧！

30. 沙漠退去的宁夏

　　长期以来，中国一直被认为是美国之外地球上另外一个最大的污染国。过去的三十年间，为了能够在发展竞争中追上西方大国的步伐，为数亿人提供就业机会，逐步摆脱极端贫困，改善人民日常生活，中国的工业飞速发展，而这自然导致了严重的污染。这样的现实是不可否认的，而这样的做法也是合乎情理的，毕竟许多其他国家也走过了同样的道路。不必说，西方工厂迁到中国也带来了更多的污染。问题在于，为此而付出的生态代价也确实是非常巨大的。除了工业排放之外，燃煤电厂对大气和全球生态系统造成的破坏也亟待解决。至于核能，总是让许多人谈之色变，虽然它污染较少，但是潜在的危险性无疑极大限制了其广泛使用的可能性。

　　在世界各地都全身心致力于经济扩张和增长的这些年里，富有远见的专家们虽然也在不断就气候和生态系统的可怕变化发出警报，但是他们的一再呼吁却只能换来礼貌性地关注、花言巧语的承诺和看似坚定的意愿——我们清楚地知道，尽管程度不同，但是在世界范围内，政治、工业和金融利益总是无一例外地被摆在最优先的地位。

　　好在，在世界各地不断遭遇各种极端的气候突变，以及许许多多动植物物种消失，最可怕的预言开始变成最可怕的现实之际，改变的苗头似乎已经出现。虽然这个世界上依然有许多人冥顽不化，但是中国的态度已经发生了翻天覆地的变化，特别是 2016 年签署《巴黎协定》后，中国只争

培育生命的荣誉与快乐

朝夕，全力支持着拯救地球的努力……这是实实在在的变革，任何人在任何地点都可以看到——风力涡轮发电机的森林拔地而起，太阳能电池面板在广阔的国土上遍地开花，再造林行动获得了全世界首屈一指的进展，还实施了雄心勃勃的灌溉和自然保护计划，工业污染现在已成为一项重大犯罪，会受到法律的严厉惩罚，中央和地方各种支持生态保护的运动开始取得成效，垃圾分类在许多地方强制推行，塑料袋开始被全面禁止或者必须付费使用。

然而，这些还远远不够，我们还有很长的路要走，而且时不我待，每一秒的等待和拖延都意味着有些原本能够拯救的东西将从我们的视野当中消失。我们尤其应该依靠年轻一代，他们更加容易接受这些个人行为层面的必需的改变。前进的方向已经非常清晰和明确，不容有任何的折中和妥协，不管是经济发展还是别的什么，都不足以成为阻挡我们前进的障碍——环保问题已经成为全世界的当务之急。年轻人非常重视环境保护，为此大声疾呼，施加着自己的影响力，这是再正当不过的了，因为这关乎到人类未来是生活在怎样的世界上。我们现在已经看到了一些令人欣喜的实际进展，比如十年前经常使北京窒息的空气污染几乎完全消失了，除了少数罕见的例外时段，北京的空气质量数据已经完全可以同洛桑或者阿雅克肖媲美，这让北京人非常满意，而其他许多地方也打算效仿，这无疑令人鼓舞。

在中国西北部农村省份宁夏的中心地带，我亲眼目睹了大规模的环保行动意味着什么。在那里，一场真正的战争已经打响，这就是绿色与沙漠的战争。在800多公顷极为干旱的土地上，种植了近300万棵树和大量苜蓿，形成了一道绿色屏障，逼迫沙漠逐渐后退。植物每天由长达数百公里的小型管道灌溉，这些管道由巡回的林业员工操作，他们非常精细地、一米一米地调节水流，就像工蚁伺候蚁后一样小心翼翼为地球服务。水源是从黄河中提取并储存，或从地下60米用泵抽取来的。众所周知，以色列曾经成功地让沙漠变成绿洲，而中国显然也有同样的能力，因为他们已经做到了。我们应该明白，人类应该顺应自然，帮助自然来创造财富，而不是压榨和掠夺自然。

我在这里遇到了真正的志愿者，其中包括一位富有的退休人员，他现在将自己所有的财富和时间都投入到了这项使命当中。我和他一同在灌溉

美好的明天就在不远处

192

过的沙地上种下了一棵桃树，这个举动看似微不足道，却十分具有象征意义，因为它将帮助这片恶劣环境中的人们更早迎来更大片的绿洲。在他们心中，这就是最重要和最迫切的愿望，而为了让绿洲出现在地平线上，他们还有很多的工作要做……现在，宁夏的治沙事业已经创造了成千上万的就业机会，还推动了一座座新生的小村庄雨后春笋般出现，让农场工人在此安家，让他们的孩子就地入学。我走进这些工人们的日常生活，和他们一起检查"阵地"，一起吃饭，一起聊天，说说笑笑，非常融洽。他们正在享受着新的繁荣，并且为此而感到自豪，现实与往日的艰苦生活形成了强烈的对比。

这里就可以证明，在今日世界的任何地方，"生态"完全可以，而且也必须能够与"经济发展"齐头并进，只要有真正坚定的意志、实事求是的态度，以及科学技术进步的帮助就能够做到。如果有人还秉持相反的观点，只能说他们是被"利润"的魔鬼蒙蔽了双眼，完全不知责任为何物了。这其实是一个极为简单的存在主义问题，不管我自己，还是我的孩子和朋友们，我们都坚信"绿水青山就是金山银山"。

31. 新疆，中国遥远的西部

　　2020 年，中国国际电视台邀请我在中国最西北部的新疆拍摄三集纪录片，这让我兴奋不已，因为对我而言，中国尚未涉足的地方已经不多了，而新疆恰恰就是这样一片未知之地。不过，此刻的新疆正处在微妙的节点上——美国总统唐纳德·特朗普（Donald Trump）对中国要求平等竞争的愿望感到不适，国际局势紧张到令人担忧，在此背景下，我既不是记者、也不是外交官或联合国专家，显然不具备合法性去声称或否认如此高度敏感的事情，或者去希望改变我家庭或个人生活以外的任何事情的进程。当然，上述的专业人员都会尽力发挥各自的作用，但是我更愿意继续担任正能量信号的发射器，与令人钦佩的人会面，感受周围迷人的自然风光，再将自己的感受传播开来，而对于其他问题的观点，我则将保留在自己的私人圈子里。

　　与电视台明确了这一点之后，我着力强调纪录片必须保有完全的创作自由，我将以自己非常个人化的风格展示在新疆发现和感受到的东西。从尽可能长远的角度出发，我们将关注自然和保护自然的人，生态项目和未来清洁基础设施发展，动物和地质，广阔的空间，丰富的气候差异及其对农业多样性的影响，辉煌的人类文化和历史，不同民族的和谐相处，世代相传的手工业、美食和生活方式——这些领域往往都存在差异，但是又具有高度的互补性，相辅相成。真正能够吸引我、影响我，并且

关于一场崇高探险的宣传海报

让我希望对自己忠实粉丝传达的正是这些主题。至于对争议性主题发言，表示肯定或者否定的立场，那不是我该做的事情。我还要求自己的工作免于任何压力，能够积极地提出那些不会让新闻编辑恐慌并引爆国际的主题。我会在避免参与超出自己知识和真实体验的辩论的同时，维护每个人让自己的生活远离争吵，以及表达自我的权利。无论在新疆或其他地方，哪怕是地球上最偏远的角落，那些在主流世界之外过着简单淳朴的田园生活的善良的人们都值得我们尊重。我邂逅了新疆壮丽的风景，它散发着东方的芬芳，偶尔会带着漂浮的棉花的风吹过这片广袤的土地，我花了不少于六周的时间，才开始发现其丰富的宝藏。新疆真的触动了我的心，我兴致勃勃地讲述它，我奋笔疾书地记录它。应该说在整个旅行期间，我的心灵始终被各种各样前所未有的感受包围，现在我非常乐意分享给你们。

　　总之，我动身前往新疆，与我同行的还有十几名技术人员和电视制作人员。我们带着几台摄像机、一架无人机和一部追踪器，满怀着拍摄高品质作品的决心，一起开启了激动人心的数周之旅。双方决定，纪录片采用"我的新疆日记"这个令人回味的标题，我会用一本小皮革笔记本写下日

维吾尔族青少年的跑酷训练

与自然的庄严交流

慕士塔格峰下，牦牛入镜

灵感的地平线

记，作为整部纪录片的线索元素。为此，我会尽可能用优雅的文笔写下富有诗意的日记，淋漓尽致地抒发灵感。结果就是，这本日记为负责翻译的合作伙伴带来了巨大的苦恼，需要我帮助她理解某些流行的短语，某些形象化的动词或其他一些考究的词，这些词对丰富表达方式至关重要。所以请你想象一下，翻译本书的译者所担负的任务多么艰巨！……辛苦了！

我们正处于这个特殊年份的 9 月底，新冠病毒破坏了我们的生活，让探险变得更加复杂和特殊。幸运的是，中国的疫情暂时得到了控制。利用一段疫情窗口期，我们动身了，在这样的时刻也算是难能可贵。

第一站是喀什，一个令人惊叹的地方，每个有所追求的旅行者心中的神话，就连当年的马可·波罗也曾被它迷住。这里是中国塔克拉玛干沙漠边缘和天山脚下的一片巨大绿洲，几个世纪以来，其地理位置让它成为该地区的重大战略和商业利益焦点，所有国家都予以高度重视。这个天然生成的文明十字路口千百年来一直在辐射周边，是哈萨克斯坦、塔吉克斯坦和巴基斯坦的商品和货物集散地，而这些商品和货物中有不少甚至产自更遥远的地方。正是在喀什，来自东方中国和西方波斯的商队相遇，交换商品和货币、牦牛和骆驼，这自然也促进了文化和宗教的交流。在很长一段时期中，佛教在喀什盛行，随后基督教也曾在那里传播，继而外部征服者带来了伊斯兰教，之后又几经变乱与战火，伊斯兰教成为最后的主流。被收复之后，古城和整个地区才终于恢复了平静。两千年来，喀什被丝绸之路造就成了国际贸易的天堂，这一传奇身份一直保存至今，高度活跃。

喀什给我的第一感觉非常奇怪，似乎我前世曾经来过这里。简单地说，我相信这是感官、嗅觉和视觉记忆的混合，在脑海中翻滚，与本次旅行的即时感知碰撞、交融，亦真亦幻。这里极富东方色彩的香气对我来说似乎很熟悉，赭石和柠檬色的柔和光线迷住了我的眼睛，路旁院子里孩子们的笑闹声飘荡在古城蜿蜒的小巷中，在我的脑海回荡。阳台上色彩交织，是丝绸在风中漂浮，商业街上织物和刺绣琳琅满目，新鲜铸造的陶器

胡杨树

争奇斗艳，带着鲜明的东方色彩甚至是中国风。在这里，我感到一种故地重游般的幸福。的确，有些时刻，有些地方会更能触动你的心弦，我内心明白，我会深深爱上这个超越时间的新疆。

在喀什宏伟的艾提尕尔清真寺的巨大广场上，我遇到了一群正在跑酷的年轻维吾尔人。在西方，跑酷是一种非常流行的城市运动，正在向世界各地传播。人们告诉我，走钢丝是维吾尔人的传统艺术，所以几个世纪后在这里发现当代跑酷并不让人奇怪。这项运动的最大魅力就在于，人们必须在充满危险的道路上像猫一样跳跃，越过任何障碍物，参与者几乎没有任何装备，只需要足够大的勇气和敏捷的身手，在最终能够与佼佼者竞争之前，必须要忍受无数次跌倒而不轻言放弃。这些年轻人才 15 岁，但是出色的身手已经让我大饱眼福。我们跟随他们来到了喀什老城，看到了神奇的一幕……这座 90% 人口都是维吾尔族的千年古城，这些见证了历史沧桑，以及——毫无疑问还有——隐秘情话的大街小巷，已经成为新时代跑酷青年的乐园，东方和西方就这样在一群无忧无虑和叛逆的年轻人的穿梭跳跃中交汇了。身边的长辈们看着他们的眼神多少带着丝丝怀疑，但是同样也带着丝丝羡慕——这些年轻人的灵活身手和不羁青春，自己已经不再拥有。

几个世纪以来，喀什大巴扎一直被认为是本城居民和游客的必到之处。我自然要去看看（由于天气炎热的缘故，游览有些马虎）这个中心集市是否名副其实。这座建筑气势磅礴，周围挤满了小贩和逛街的人。此外，还可以去参观已搬到城外的牛市，近距离欣赏牛群，牛群被牺牲在强迫性肉食欲望的祭坛上之前，注定要更换主人，我也可能是其中的一员（面对即将被送去祭祀的牛群让我有点难受，但我是一个不可救药的杂食者，交替享受着肉食与其他美食的乐趣）。简而言之，太多的地方都值得一看，而可看的内容不一而足。进入集市的主围墙，我一眼就发现中国的现代感已经延伸到全国各地，这个东方商业圣地也不例外。事实上，集市过道似乎不久前才被拓宽，干净整洁，商品精心排列，一览无余。丰富的香味和色彩，香料和干果，来自五湖四海的面孔，东方的氛围和混合的印记，商业蓬勃发展的机器历经多年依然运转顺畅。茶叶的香气在街巷的转角和摊位间的过道上漂浮，和摊位上饱满多汁的水果和蔬菜一样，让平凡生活的幸福感油然而生。在集市，我遇到了许多男人，其中尤以老年居多，当然也有笑容灿烂的孩子和穿着鲜艳衣服的女人，后者大多是全职主妇。漫步间，我不时和人闲聊几句，而所有这些人都在微笑，但笑容下似乎又有种坚强的力量，令人肃然起敬。

几个世纪以来，喀什人一直在烤制一种非常结实的圆形面饼，营养丰富，而且可以长时间保存，便于在丝绸之路上携带，这就是"馕"。这些优势使馕今天仍然非常受欢迎，在每个街角都可以买到。为了解制作这种美味面饼的秘密，我决定去拜访一位当地公认最好的打馕师傅。他正在向儿子传授这门手艺的基础知识，以便他尽快接手。师傅要这么做，一来是因为自己的手艺也是从父亲传承而来，二来是因为自己已经是接近退休的年纪，很难再长期继续这种繁重的劳动了。打馕的辛苦是众所周知的，一般来说一个人也只能做二十年。我必须对食品行业的所有工匠们奉上敬

河流、树木和沙漠奇妙同框

意。全世界的面点师都有着类似的手法、类似的专业知识和同样的努力态度，这些都是他们从几乎和我们文明一样漫长的传统当中继承而来的，因此大家很快就能够熟络和交流起来。不需要翻译的帮助，我在打馕作坊里的短暂学习非常顺利，我重复了师傅向我展示的动作，但是笨拙程度显然与师傅的驾轻就熟形成了鲜明对比，让他的四人小团队捧腹不已。制成的馕坯子中心经常有一个孔，方便在长途旅行时将若干个馕串成一串携带，这些馕坯子接下来会被送往一个火坑一样的、顶部开放的大圆烤炉，贴在炉内侧烘烤。这是全部工作当中最辛苦的一个环节，让人不由地联想到灼热的地狱烈焰。

我脱下围裙，和打馕师傅们告别，沿着丝绸之路继续向西前行，到达中国与塔吉克斯坦边界。帕米尔高原，一个真正迷人的地方等待着我，远离任何城市甚至乡村的喧器。慕士塔格峰海拔 7500 米，是一座被称为"冰山之父"的圣山，我拜访了山下的一个柯尔克孜族家庭，他们在长满灌木的沼泽地带饲养牦牛。雄伟冰山统治下的土地给人以一种超现实的感觉，让我很是着迷，我今天想到那里时，还觉得自己可以瞬间被传送回去。这个家庭热烈欢迎我的到来，好像我是来自另外一个宇宙的使者——我那个宇宙的文明高度看重物质，而这与高原牧人们的日常生活相去甚远。有人建议我去给一头强壮的母牦牛挤奶，我非常兴奋地照做了，遗憾的是牦牛似乎有点抵触。随后，我被邀请与全家人共进晚餐，然后睡在一间简朴舒适的小木屋中，后者是专门为这个与世隔绝的小村庄罕见的外来者准备的，他们通常都是村民的亲属，前来参加某些重要聚会。9月底的天气已经很冷了，牦牛皮毯子发挥了巨大的作用，保护了我的健康和睡眠，让我能够在这高海拔的地方自如活动。

醒来时，我就估计这一天应该很有趣，但依然没有料到会那么不可思议……家庭的男主人不但是高原牧民，而且还是一位护边员。日常放牧与繁育畜群之间，也不时会去执行任务。为了赶往海拔4300米的哨所，我们骑上了两辆摩托车，沿着曲曲折折的山路行驶，沿路风景美不胜收。在一个尘土飞扬的荒芜山口顶部，军事管控禁止外国人越过，但是……我作为一份伟大友好的见证人的特殊使命，以及我作为一个不受重大限制的旅行者的特殊身份，让我事先获得了一个非常正式、非常有价值的批准，可以继续去冒险。我借机穿上军大衣，戴上皮军帽，以适应高耸的雪峰间穿行的劲风带来的极地温度，走向难以分辨的边界线。我跟随巡逻队的节奏拼命爬上山腰，然后由于缺氧而不得不脚步迟缓地下山，巡逻的目的主要是象征性地宣示主权，也可以是一种威慑。高空阳光灿烂，四下宁静无声，小小的云朵以每小时100英里的速度飘过，太阳散发的热量与在地面附近循环的寒冷对峙着。突然，我觉得很热，我脱下了一件衣服。不久，又起雾了，我不得不又穿上衣服。虽然风停了，气温有所回升，但太阳被遮蔽后，又降温了。对于极地一般的巨大温差，我付之一笑，不断变化的气温并没有牵动我的情绪。我沉醉在这个让人眼花缭乱的生态系统中，非常愉悦。

回到帕米尔高原，我坐上夜班火车，沿着丝绸之路向东走，途经我的下一个目的地库车。我将游览克孜尔千佛洞，这是联合国教科文组织列入

难以置信的高海拔美景

《世界遗产名录》的重要考古遗址。一位珍贵遗产的知名修复师将带我进行一次私人游览，并向我展示她如何巧妙地修复被损坏的画作。这里保存了数百个可追溯到 3 世纪的洞穴，形成了一个巨大的穴居结构，曾经被用作僧人住房，以及供礼拜讲经的场所。丝绸之路上往来的信徒在商队休息时在那里驻足拜佛。许多画作都再现了佛教故事，或者是反映了当地居民的文化和日常生活。在这些克孜尔壁画中，动物与神灵比肩而立，其菱格构图独创一格，这是在其他任何地方壁画中都找不到的。画面上蓝色占主导地位，在当时由研碎的天青石制成，至今没有褪色。这颗历史的宝石散发着魔力，我们可以体会到，追随历史的脚步总是一件迷人的事情，有时甚至可以带来巨大的感动。一直以来，我梦想着东方，梦想着她的传说，她的辉煌，她的冒险，她的历史和美丽。当我沉醉在单纯和灵感迸发的漫步中，惊喜总是接踵而至。

吐鲁番已经在前方不远处，秋日无与伦比的色彩映衬出这片巨大的绿

洲，瞬间让我叹为观止。实际上，我们正身处沙漠的边缘，这片由高大沙
丘组成的广阔的沙地，立即让我想起了约旦和我喜欢的电影《阿拉伯的劳
伦斯》。我用摄影机模拟了一个从沙漠中抵达的行人的视角，就像这位文
学和电影中的英雄一样，经历了危机重重的冒险，他最终在骆驼的哀鸣中
幸存下来。我眼前的这座绿洲城市，没有摩天大楼或高得离谱的建筑，然
而面对着堪称亚洲撒哈拉的大沙漠，它又是高大而骄傲的，是人类抵抗沙
漠侵袭胜利的象征。这种对比十分强烈，郁郁葱葱的绿洲壮丽地展现在我
面前。真实的生活在这个绿色大屏障中如火如荼。

我看到几个十多岁的年轻女孩在城市边缘沙丘下的沙地上踢足球。沙
地海滩一般一望无际，只是缺少了海浪的抚摸。女孩们由一位教练指导，
我很快意识到这是学校团队的训练。我主动去和她们攀谈，希望了解她们
为什么如何选择沙地，毕竟这里和典型的球场相去甚远。她们告诉我，学
校没有适合的场地，而且足球在民众和父母观念中是男孩的运动。她们很

我的护边员伙伴们

喜欢来这片沙地训练，柔软的沙地有利于锻炼耐力。也许是因为这种独特的训练，女孩们在地区锦标赛中取得了连胜，然后……在逐渐说服了人们，征得了家人们的支持后，她们公布了自己的目标——进军全国比赛。祝福这些女孩子！祝福中国足球！

吐鲁番每年有 3000 多个小时的日照，昼夜温差可达 16℃到 20℃，充足的日照促进了水果中糖分的积累，葡萄是当地的主要作物也就不足为奇了。这里的葡萄当然也用来酿酒，但是最主要的去处还是在专门用生土建造的"荫房"中挂成一排排脱水，制成葡萄干。这些荫房建在阳光充足的山丘上，墙壁上有许多规则的小孔，让空气通过，以便带走水分。这种方式生产出了最优质的葡萄干，出口到欧洲和亚洲许多国家。整个地区似乎都在致力于葡萄种植，甚至市中心也还有葡萄园。葡萄采摘刚刚结束，五彩缤纷的颜色赋予了这个被沙海包围的绿色岛屿壮丽的光环，让我终生难忘。我沿着天山继续前行，来到连接南疆和北疆的巨大的达坂城谷地。林立的风车利用强风为整个地区提供大量电力，这是一项出色的可再生能源计划。当太阳从地平线落下时，我忍不住爬上了一个风车顶部。这是一次令人印象深刻的经历，喜马拉雅山般的高度让我产生了强烈的晕眩，真是严峻的考验。但是，从这个混凝土和钢结构的顶部看去，其巨大的翅膀不知疲倦地旋转着，多么壮观的景色啊！

回到地面上，整个人依然摇摇晃晃，我接下来要去参观一种四足的草食哺乳动物。新疆野马繁殖研究中心位于一片荒芜的平原上，那里饲养着著名的普尔热瓦尔斯基马，即"普氏野马"，这是一种小型的通常难以驯服的马，以 19 世纪末在中国发现它们的俄罗斯探险家的名字命名。普氏野马是现今我们已知的最古老的野马品种，其起源可以追溯到史前时代。不同于普通的马匹，它们体型较小，体毛棕黄色，头部较大，脖颈短粗，耳朵长长，鬃毛短而直立，活像莫西干发型。漫长的岁月中，这些野马曾经在沙漠草原上自由飞奔，但是 20 世纪 70 年代，环境恶化和大规模的猎捕导致这个独特的品种还未被驯服就几乎灭绝。野马繁殖研究中心成立

热爱自然，热爱绿色

这么乖的小马真是"野生"的

后，进行这些骄傲的纯种野马的繁殖、研究和护理工作，然后逐渐把它们放归天山山脚下，在那里它们可以恢复到祖先的野生状态。

　　负责这个保护机构的兽医专家非常友好，她热情地欢迎我的到来，讲述了她热爱的事业——她的一生都奉献给了这些优雅的中心"寄宿生"。这位温柔的女科学家同时还是一位诗人和作家。她出版了几本关于普氏野马，以及自己照护野马的孤独使命的书籍，并举办讲座，以提高民众和政府当局对这个崇高事业的认识。我跟她去见她照看的一些野马，后者正在面积广大的围栏里安静地嬉戏。和野马接触需要耐心，才能取得它们的信任。她提醒我说，野马一开始可能并不想接近我。随后，我走进了马场，慢慢地站在中间，装作对马儿在我身边的奔走无动于衷。我觉得，而且我相信我们很快就会打成一片。过了足足一刻钟，马儿们似乎感觉到了我没有敌意，而且还是个友好和迷人的家伙，有两三匹开始小心翼翼地靠近。我努力让自己动作更温柔，向其中最好奇的小野马伸出我胆怯的手。兽医对我说，她很惊讶这匹小马为什么没有逃离，她对我给马儿带来的舒适感很有兴趣，于是她采用了自己常用的一些技巧，最终打消了小马仅存的恐惧。

我至今仍然相信，那天是发生了一个小小的奇迹。一匹被认定为"野生"的马匹居然接受了我的抚摸，要知道只有医生和驯马师才可能获得这种高度特权。野马甚至允许我和它自拍，主人赶紧也加入进来，脸上洋溢着坦诚的笑容。我俩高高兴兴把脑袋靠在这匹野马两旁。她事后告诉我，这是它唯一一次单独与陌生人在一起，令她惊讶的是，这一切竟然发生了。

最后，我还要目睹野马放归。最年长的寄宿野马即将被装入集装箱运走，离开它们儿时深爱的家园。在过去的五年中，已经有110匹在中心出生和繁育的普氏野马被放归到广袤的卡拉麦里自然保护区，现在它们已经野性十足，根本不可能接近了。不过，一些马儿被安置了电子芯片，以便通过卫星追踪，在不干扰马儿宁静生活的情况下研究它们的迁徙。当然，新疆还有其他种类的马匹，这片土地一直是马儿们的最爱。

于是，我向靠近哈萨克斯坦边境的昭苏前行。这里的草原与阿根廷著名的巴塔哥尼亚草原相比，风格迥异。中国人认为这里是传说中"天马"的发源地。公元前2世纪，乌孙人向汉朝的朝廷进贡当地出产的马匹，这些马以身形矫健、奔跑如飞而闻名，据说汉武帝将这些马赐名"天马"。很久以后，这个被称为"伊犁马"的品种与俄罗斯同类品种进行了杂交，以进一步提高它们的运动素质，并在马术比赛中大受欢迎。持续的杂交改良使这些马获得了优于其他许多马种的品质。在所有的赛马场上，它们都很受投注者的喜爱，但其用途显然并不止于此。为了亲眼看到天马，我动身前往草原深处，到一个令人难以置信的赛马场去拜访一位经验丰富的马术教练，他经常在中国各地巡回表演。这位蒙古族人性情温和，他的童年不是在摇篮里，而是在马背上度过的，从小就在这片土地上策马奔腾。他作为骑师的职业生涯大获成功，走遍了亚洲许多地方，最后回到了自己的家乡。现在，他在种马场照看着7000匹马，既有本地品种也有外来品种，全中国70%的马术中心的马匹都来自这里。教育显然也是马场的中心工作之一，此刻就有200名学生定期来这里参加骑师培训，其中不少都是来自当地的牧人家庭，从小就会骑马，只不过没那么正规罢了……因此，训练中不时会上演一些滑稽的场景，而教练为了矫正也必须付出更多的心血。骑马是新疆的伟大传统，这种现代形式的活动在中国非常受欢迎。因此，如果在不久的将来，我们看到中国的骑手出现在世界顶尖的行列，也没什么可大惊小怪的。

在阿勒泰地区，靠近蒙古国边境的地方，有另外一片青色的草原，山谷中散落着小水潭，牧民的牛儿在饮水，而我则在这里遇到了一位了不起的女性。她是一位牧民子女的早教老师，和牧民们一起住在毡房里，随着季节变化四处游牧，经常需要独自骑马数十公里去上门完成自己的工作。跟着她的马蹄声，你将走进一个远离污染、喧嚣、不安全、滥交、噪音、压力和消费社会的世界，周围群山的回声回荡出善良、团结、尊重、自然、纯洁、希望和简单。由于这些流动早教老师的存在，当地幼儿在小学前可以受到必要的教育，这样他们在基础知识上就不会与城市居民的孩子脱节。

连续几天的巡回授课途中，马儿是老师唯一的伙伴和亲密的知己，陪伴着她穿越没有电话网络的草原。因此，谨慎和决心必不可少，勇气也至关重要，而她显然并不缺乏勇气。我钦佩这位美丽的年轻女子，她将自己的一生奉献给了利他主义的激情。孩子们把她视为第二母亲，他们的父母也视她为好姐妹，给他们的后代带来了平等的机会，让他们将能够在规定的年龄顺利进入城市小学学习。为此，孩子们有必要改变他们的生活方式，留在寄宿学校学习一些时间，然后再回到草原上的家生活，薪火相传。文明的进步也许会改变这些可敬的牧人的生活条件，为他们创造更多的舒适。然而，我祈祷牧人朴素的乐土永远不会被自由主义的热潮淹没，因为这个遥远的伊甸园是他们文化的精髓，庇护着他们选择的安康生活。

告别这些可爱的人，下一个阶段的旅程将更为多变，我将进入高山地区，这固然会带来身心的考验，但我不正是总渴望大胆的冒险和令人振奋的发现吗？新疆有许多巨大的山脉和冰川，后者是该地区的固体水库。积雪融化后化作了一条条河流，为生活在平原上的人们带来了丰富的重要水源，让特别炎热干燥的夏季不再那么难熬。现在，我要爬到一座海拔

4000 米以上的高山的北侧，那里覆盖着一尘不染的白雪，人类几乎难以到达，更谈不到开展什么冬季运动了。我必须穿上专业的雪鞋，因为积雪实在太厚，一脚下去至少要没到膝盖。装备齐全后，漫长的白色征程开始了，我向着一座山峰走去，虽然我一直迈着有节奏的步伐，但是似乎永远难以接近。为什么只有我一个人呢？正是为了追求拍摄画面的极致美感，我要求摄制组留在登顶的起点而不要跟着我，这样除了我的脚印之外，这片雪山圣地上便不会再有任何其他痕迹。我一点点向高处爬去，呼吸开始变得急促。现在，我与文明世界的唯一的联系就只剩下了一架无人机，它有时会在我头顶近距离拍摄，近到我都能听到它旋翼的声音，有时又会突然像一只发现猎物的老鹰一样急速飞走，来捕捉这个广阔地方的全景，再返回重新将画面推近到这个在童话般的圣山上踽踽独行的奇怪的攀登者。我感觉到极地外套之下，自己的身体正变得越来越热，几乎难以忍受，但是我不能脱掉或者解开它，不然拍摄到的画面就无法保持连贯。突然，我的身体向我发出了投降的信号，我觉得自己的双腿在这场与高海拔的战斗中已经支撑不下去了。正在这时，我看到眼前的白色海洋中有一块孤立的小小岩石，就像浮出黑暗海面的冰山一样醒目。"再努力一次，奥利弗，你可以做到，你别无选择。"在这样的时刻，大声自言自语真是太疯狂了，但无论如何，这确实让我似乎得到了某种能量的补充，支撑着自己继续前进。这种两个自我之间的虚拟对话让我想起了《我和我》的雷鬼音乐所传达的那种精神状态，就像一些儿童读物或者圣经故事一样，呼吁我们通过倾听内心的声音来与自己的显意识进行对话，后者往往声音太高，或者是过于依靠所谓明智的惯例……当我攀上岩石，我才意识到自己已经来到如此之高的地方，看不到山下伙伴们的身影，更听不到他们的声音。看来是时候回去了。尽管空气含氧很低，我还是哼起了歌，似乎在和雪山默契交流。呼吸是至关重要的，所以我歌曲的节奏也必须适合我在陡峭山路上行走的脚步。年轻的电视摄制组人员看到我返回时的状态如此良好，似乎颇为惊讶，想来他们以为我会气喘吁吁、精疲力竭吧，而无人机拍摄下的画面更是令我们大家都兴奋不已。我之所以状态良好，山顶环境逼出的肾上腺素无疑是最重要的，而新鲜空气也功不可没……

我们接下来将到达阿克苏，这座城市位于著名的塔克拉玛干沙漠边缘，后者是世界上公认最危险的沙漠之一，号称"死亡之海"。然而，一个真正的绿色奇迹已经在阿克苏诞生了，让这个曾经干旱的城市大放异彩。很长一段时间里，这里盐碱化严重，到处都是强风卷走土壤而形成的深沟，当地人生计非常艰难。从沙漠中升起的浮沙汇成沙尘暴，几米之外便全无能见度，阻碍了人类和动植物繁衍生息。20世纪80年代，人们决定把这片寸草不生的干旱土地变成一个绿色天堂，为此发起了一场雄心勃勃的生态革命，由一位杰出的年轻学者依马木·麦麦提领导。

今天，这位再造林专家已经退休了，接受我采访时，他回忆说，在极其恶劣的条件下，他和他的团队开始在柯柯牙不断种植越来越多的人工林，面积超过8万公顷，形成了一个强大的绿色屏障，现在已经成功阻止了沙漠对阿克苏的侵袭。他是一位真正的可敬的生态战士，比起那些在相关国际会议上大说毫无效果的漂亮空话，却坐视地球正死于我们的漠视或执行不力的政客们，他是真英雄。幸运的是，由于我们日益频繁地面对各种天气灾害，以及更实事求是、更关心气候问题的全球年轻人的努力所形成的巨大压力，局面最终会有所改善。依马木现今已将自己的重要使命传给了他的儿子，后者很自豪能够真正为这个肥沃繁荣地区的发展作出贡献。大自然的严酷从来都不是诅咒，人类只要有善意和勇气，有足够的资源——现在还要有科学的支持——就可以将任何贫瘠和不宜居的地方变成丰饶和好客的地方，当然前提是我们为此必须采取各种措施，付出巨大的努力。但是，看到人类通过努力让大自然恢复其生机活力，这多么令人欣喜若狂啊！在天山积雪形成的阿克苏河灌溉下，整个地区正日益繁荣，而以河流命名的小镇，更成为中国最大的农业生产基地之一，高品质的苹果尤其受到全国消费者欢迎。因此，生态从来都不是一个空洞的词汇，而是幸福的源泉，我们应该对此予以足够的重视并采取相应的行动。我是这一切的忠实推动者，我支持用更坚定和积极的方式，而非惩罚性的方式来保护和发展生态。

阿克苏河是流入塔里木河的最大支流，而塔里木河又是中国最长的内陆河，沿着塔克拉玛干沙漠边缘向东流淌。水与沙的无声碰撞，就像生与死的较量，时而轻缓，时而对抗，激烈且永恒。这个独特的地域是一个显著的多样性象征。在轮台，我看到了曾经在幼发拉底河畔蓬勃生长的胡杨，这些走过漫长岁月的树木以强大的防风力而闻名，身影出现在古希腊神话和《圣经》的久远记载中……这些坚实的树木通过稳定沙丘来抵御威胁绿洲的沙漠袭击。除了拥有非常强大的防护能力，以及身为地区生态系统主要因素之外，胡杨树组成的雄伟森林每到秋天还会上演一场绚烂至极的色彩盛宴。这种值得称道的树木目前大部分都分布在中国，而中国的胡杨中又有 90% 都在新疆，守护着塔里木河谷 3800 多平方公里的土地。我和王先生一起巡逻，他是一名护林员，30 多年来大部分时间都在他珍爱的树木间度过。起初，他骑着驴子在广袤的胡杨林里巡逻，然后是自行车，再然后是摩托车，今天他的"坐骑"已经换成了四驱车，虽然车子本身不够环保，但是对他那环保意义重大的工作却非常实用。这些百年树木的根部非常特殊，树根横向延伸约 15 米，然后下探到 10 米深的地方，以获取滋养它们的天赐之水——这就是"幼发拉底杨"已经长达 6000 万年的生存之道！

离开这些雄伟的植物，我现在要去迎接激动人心的新疆之旅中最大的挑战：穿越著名的塔克拉玛干沙漠。塔克拉玛干沙漠占地 33 万平方公里，是中国最大的沙漠，也是世界上最大的流动沙漠之一。20 多年前，一条绿色长廊从天而降，全长 522 公里的公路横穿了茫茫沙漠……我从轮台驱车一路前往民丰，追寻当年建设者的足迹，试图了解他们曾经面对的建造金字塔一般的困难，比如沙丘的移动一夜间就可以抹去他们前一天全部定位工作留下的所有痕迹。在流动沙漠中建设公路完全是世界首创，实用主义和创造性都必不可少。为了给这条现代化的沙漠公路提供防护屏障，在经验丰富的专家的管理下，在塔中创建了一个植物园，靠近一个为其专门建立的简陋的小村。我发现了这个实验点，特定的植物物种在沙漠中重新种植前，都必须在这里进行测试。某种柽柳对极端条件和盐碱土壤的抵抗力最强，它的紫红色非常美丽，种植在道路两侧可以起到勾勒的作用，让绿色线条更加凸显。这种植物由盐水灌溉，然后再将盐分从叶子上分泌出来，让自己得以生存。还有些豆类也适应这种恶劣环境的需要，它们的叶子退化得很小，这样就削弱了蒸腾作用，避免散失水分。大自然真是一个永恒的奇迹！

当然，公路两旁的植被是需要有人一直维护着的。公路沿途分布着100多座蓝色小房子，而里面居住的就是负责的工作人员。房间非常舒适，通了互联网，设备齐全，还配备了太阳能发电机，以支持供水泵抽取和输送地下的咸水浇灌植物，并为他们提供电力。每周都会有车辆送来饮用水和各种从清单中选择的食物。我在一座小房子里遇到了一对夫妇，他们似乎都很喜欢这种生活——日常非常安静，只是偶尔有游客来访，停下来喝茶休息或询问一些信息。这些沿路的绿化灌溉和阀门维护工人每天都必须步行至少3公里，检查分布在公路旁的细小管道系统，确保灌溉的顺利进行。两位生态勤杂工为自己服务于大自然的工作感到自豪，我也愿意对他们献上自己全部的敬意和爱戴。不由自主地和他们二人拥抱了几次后，我又上路了……但并不是直达终点。让制作团队既困扰又担忧的是，我坚持自己的决定，在离预定点不远的地方下车，独自穿越了我珍视的绵延沙丘。滑向西方的夕阳将是我的天然罗盘，远处我所期待的平原将在一个小时后出现在最高的沙丘后面。我不会后悔在烈日下度过这一极度孤独的时刻，在普罗米修斯式的散步中，在绝对的寂静里行走于沙漠中，我感到了无限的欢喜，我找到了我最喜欢的状态，一个冒险爱好者和大自然母亲的兴奋的孩子。

明天，我将前往最近城市的机场，返回热闹的北京，与家人团聚。再见了！灿烂而狂野的土地，彻底征服了我的新疆！

32. 户县农民画和 "吼叫歌剧"

在陕西省户县（现西安市鄠邑区）的这个小镇上，我要来拜访一群农妇，她们和自己的长辈一样，近一个世纪以来一直将日常主要活动融入绘画创作。首先，我参观了当地的农民画展览馆，这里很是令人惊叹。墙壁上挂满了农民画，独特的风格冲击力十足，色彩鲜艳，构图明快，相当程度上带有写实主义绘画风格，但又不失天真，这正是它的魅力所在。画作随着时间的推移而不断演变，再现了中国乡村的一幕幕场景，包括田间劳

当代农民画

214

作、家庭生活、共同用餐，还有全村农民聚拢在火堆旁，听人讲述种种传说和壮举。

在 20 世纪五六十年代的作品中，你能真切地感受到那时中国农村的集体主义气息，老老少少的脸上洋溢着笑容，眼睛闪烁着光芒。这些作品非同寻常，让人沉浸在过往的岁月中，并进一步意识到，正因为这种过往的存在，今天的进步才更加势不可当。这些作品当中，各个阶层的人们都带着强烈的理想主义色彩，似乎都在努力展现自己的勇敢和团结，那个年代，在同样展现这种气质的广播和标语的呼应下，这些神奇而不失优雅的绘画大量装饰着农村和城镇的墙壁。

沿着展览的时间线不断前行，我注意到，伴随20世纪70年代的临近，现代主义元素开始出现在画作当中，逐渐走进家庭。越来越多色彩明亮的绘画上都出现了电力和暖气的身影。

博物馆中还展览着 60 年代和 70 年代的照片，这些照片证明了当时该地区男女老少中非常流行绘画活动，比如数十名农民利用休息日在大片空白的墙壁上再现他们农业劳作中的面孔和场景。在这里，绘画创作是一种集体娱乐，又包含了歌颂人民事业的宗旨，这其实是一个非常具有代表性的意象，也是中国走向今天的关键节点。随着时间的流逝，过去几十年的起起落落和深刻变革令人信服地展现了一个重要的社会和政治现实，正是这现实塑造了当代中国，以及未来的中国。

我动身去见一位出现在当时照片中的老奶奶，如今她的女儿接替了她的工作，也是一位艺术家和农民。一辈又一辈，中国人总是会将自己的经验和知识传授给后人。在让我欣赏、触摸和品尝了她们田里收获的茄子和辣椒后，这两位活泼的妇女自豪地把我带进了她们的家庭工作室，向我展示她们最新的艺术作品。天赋有时会以令人惊叹的方式传承，她们就是证据。老奶奶已经 80 多岁了，但她的画笔依然生动活泼，而且她的艺术水平多年来一直在稳步提高，毫不夸张，我认为她如今已经达到了大师级的水平，我为之折服。她女儿的画风已经不复几十年前的工农风格，而是走

同志们，拿起画笔

集体创作

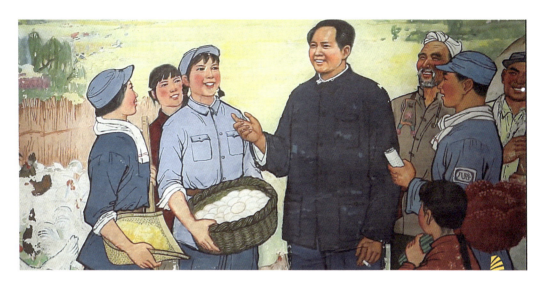

毛主席和大家在一起

向了表现花卉的浪漫主义，这更符合她的精神世界和她所处的时代。不过，她还为我准备了一个惊喜……

几周前，中国的电视制作公司要求我给他们寄一张近期的照片，照片上的我必须面带灿烂的笑容，这对我来说当然并不难。虽然不知道为什么，但我还是欣然从命了。原来，这张照片是为今天迎接我的年轻乡村艺术家准备的。她兴奋地笑着向我展示了她几天前创作的一幅传统农民画，画中有一个快乐的庄稼汉——在大片麦田里被他的中国同伴们簇拥着——擦拭着自己脸颊上的汗水。我对这面孔一点也不陌生，因为……那是我的脸！这份美妙的艺术礼物象征着我与中国的美丽融合，我与农民的亲近，我在世界各地所受到的深深尊重，我对大自然发自内心的热爱和我对所有艺术的崇拜，它同时也证明了我尝试各种工作时的真诚，与他人交流的喜悦，不管有没有摄像机，我都会认真去表演。这件作品风格天真，色彩丰富，就像一个带有原始朴拙之气却又因此而生命力十足的、满含亲切情谊的护身符，将永远伴随着我。

母女俩向我分享了她们的幸福感。尽管这个家庭的父亲和丈夫已经在三年前故去了，意味着她们两人在收获季节必须付出加倍的辛劳，但是她

全家学习

自豪的老农妇和她的作品

中国农民奥利弗

有趣的唱法和演唱者

们能够将自己的才能和对农耕的热爱结合起来，在田园劳作和绘画之间找到生活的平衡，已经非常满足了。我们借助英语、汉语和一些手势来沟通，持续的时间比我们一开始想象的要长很多。其实，心灵的语言正是首先通过眼神、双手、面部表情和笑声表达出来的，真诚的人们总会构成人类大家庭。我们约定以后再见，她们邀请我以后再来这个地区时住在她们家里。我们像朋友一样拥抱，而后我不得不跟她们道别以继续前行。

在告别可敬的主人和她们田园诗般的家之前，我决定先去邻近的一个村庄小游一番。此行注定要大饱眼福，因为我将目睹最古怪、最离经叛道的艺术形式之一——"吼叫歌剧"（译者注：作者所见当为陕西的华阴老腔）。顾名思义，这是一种非常特殊的音乐演出，据传说可以追溯到一个非常遥远的时代，有一位皇帝经常要求为他表演这种非常特殊的前朋克音乐。然而实际上，皇帝是个聋子，只是这件事没有人知道，或者哪怕知道也不敢说出去……不然你就可能因为放肆无礼而被同样刺聋耳朵，还可能被割掉明显过长的舌头！

一群业余音乐家聚集在村中心一栋小房子的门廊上，各种传统乐器以非常正常的方式开始演奏，让人觉得之后也一直会是柔和的旋律，然而……演唱者突然开始以嘶吼的方式开始了自己的表演，那高音足以让所有水晶或脆弱的耳膜破裂。这一当地独有的演唱技巧真的是让人忍俊不禁，遗憾的是，如果你真的让自己的声音接受这种训练，那你就必然会成为最可怕的卡拉 OK 选手。我倒是很喜欢这种新奇的音乐，它像滑稽戏一样，能够让你完全彻底地释放自我，沉浸在纯粹的快乐中。在中国你从来不会觉得乏味，从传统到创新，一切都会给你带来惊喜，激发你灵魂中的孩子气，因为这个国度本身就充满童趣，每个人的内心深处都和你一样童心未泯。

33.秦汉新城

在距离大都市西安不远处，坐落着一座引人注目的城市。它作为曾经的帝都，悠久的历史诉说着辉煌的过去，但同时也是一座 21 世纪崛起的新兴城市。重返该地区后，我沿着渭河，在一个灰蒙蒙的春日清晨抵达了此地。神秘莫测的渭河，是黄河最大的支流，也是诸多中国古代诗人的灵感来源。河岸经过精心整治，成为散步或骑行的绝佳场所。如今，两岸由多座桥梁相连，过去的撑舟者成为今日的园丁，这显然是值得称道的改

市政园丁，夫妻俩对工作很满意

变。我走过去，与其中看起来最快乐的人之一攀谈起来，他叫张胜利，正和妻子一起不慌不忙地修剪着装饰人行道的小树篱。他告诉我，自己过去的日子曾经非常艰难，而这个地方也曾经非常破败，直至十几年前，西咸新区规划项目改变了一切。然后就是"中国速度"的绝佳演示——一旦做出决定、敲定预算，计划便会以其他国家无法想象的速度付诸实施。

新城的规划必须高度谨慎，因为这座城市历史悠久，自然环境十分优越，全年为大陆性气候，夏季炎热潮湿，冬季干燥凉爽，以至于有人开始声称这个山谷是中华文明的发源地。总之，政府的意图十分明确：在发展先进城市的同时，必须保护该地区优越的环境和丰厚的文化遗产，使这座新城成为展示国家进步的范例之一。这无疑是极为艰难的挑战，那么成效如何呢？因此，我要求与该项目的开发总监进行一场非正式的采访，以扭转我通常对此类情况持有的不失积极的怀疑和批判态度。这倒不是因为我对这里的开发计划戴着有色眼镜，而是因为我始终很难相信人们能够在未

未来就在我身后

施工经理，成就达成

来与自然之间取得真正的平衡。我究竟会被说服还是依旧困惑，答案很快就会见分晓了。刘子龙友好、热情地接待了我，这也为我们之后的相处开了一个好头。他首先向我解释道，"秦汉"这个名字来自秦和汉两个伟大的朝代，这两个朝代在中国历史上具有相当重要的地位。

　　新城中的新建筑与美丽的花园并肩而立，所有花园全天候开放。城市规划似乎也适应了可持续发展的新要求，湿润的空气意味着健康的生活。在陕西这个多农村的省份里，蕴藏着丰富而珍贵的古代文物。我当然有必要前往探索一番，于是我在某个乡村地带爬上了一座巨大的平顶绿色金字塔，这正是成就卓越的汉朝创始人刘邦的陵墓。在这风景如画的田园中永远安息，这似乎很符合他的风格，因为人们认为他更喜欢田园而非都市，毕竟这位改革君王为国家的农业发展作出了巨大贡献。人们在其后裔之一、以公平宽厚著称的汉景帝的陵墓上建造了一座博物馆，展示宏伟壮观的文物。尽管国庆假日期间，这里的人流量与该地区其他知名博物馆依然

大臣已经准备好登场

相去甚远，但这个博物馆绝对是一个必游之地。挖掘工作仍在继续，人们还将发现并修复各式各样的文物，不论是皇帝的俑人军队，还是这一时期居住在此地的皇室随从、大臣、仆人和动物的雕像。我在这个展览中注意到一个奇怪的矛盾点：贵族们全都赤身裸体，而平民却有衣物蔽体。后来我得知，富人雕像原本穿着真真正正的华丽衣冠，但是这些织物抵不住时光的侵蚀，而仆人或普通人的服装则是直接雕刻在石像或木像上的。站在后世的立场上看去，这真是绝妙的一幕——由于这一不可预见的变化，底层的人民反而能够保持其体面和真实的形象！接下来，我进入了一个神奇的房间，在这里人们能够将最古老的过去与未来（甚至可以说是现在）结合起来。这是一场平行数字展览，展示在这个考古遗址中发现的珍品，还随时可以转移到世界各地的其他文化场所进行。不过，这展览最大的独创之处还在于，每个人都可以使用高科技手段进行某些操作。屏幕上首先出现了一个拥有 2000 年历史、身形绰约的舞者雕像，我指挥她开始旋转，她似乎就真的舞动起来，可以说舞蹈赋予了她永恒的生命，而她的艺术也给我带来无限灵感。这一切称之为魔法也毫不为过。

　　离开这座陵墓博物馆时，夜幕刚刚降临，使这片土地笼罩在一种悠久的历史气息之中。我将返回热闹的西安古城，观看一场在市中心举办的声光秀。在夏季的每个夜晚，这场精彩的演出都会将观众带回到 7 世纪至 10 世纪间，梦回唐朝。数百名身着华丽古装的舞者，干劲十足的临时演员，打斗、杂技演员，以及歌手和音乐家齐聚一堂，在这座城市的帝国古迹前奉上令人惊叹的表演，而这些古迹则犹如拉斯维加斯的赌场一般被灯光照得亮如白昼。我又怎么能抗拒人们委托给我的这个乐趣无穷的疯狂任务呢？于是我来到皇宫护城河的幕后，穿上了精美到难以置信的古代大臣服饰，接着便和我的卫兵们一起，如同远古时代的使者一般迎接源源不断的人流……多么超乎寻常的体验。总之，我们都知道旅行是青春的开始，但随着时间的推移，我们在旅途中经历的一切也显然能够施展魔法，令我们永葆青春活力！

34. 福州，勇敢的消防员和快乐的老人

　　在录制《奥利弗游中国》的旅程中，从黎明的第一缕曙光到傍晚的落霞洒下，在消防站度过整整一天，无疑是我最难忘的经历之一。众所周知，这一备受尊敬的行业或多或少都受到军队的领导。世界上大多数国家都是如此，比如中国，2018 年成立了一个特殊机构——应急管理部。如果说中法两国的消防机构存在众多相似性，那很大程度上归因于两国在这一重要领域签署的合作协议。尤其是从图卢兹合作开始，经过培训的消防员在过去十几年中为全国消防能力的持续提升和各种处置措施的日益专业

这身穿着可不是一般的受尊敬

化不断作出贡献。除了这些至今仍在进行中的培训之外，进入营地，探访这些英雄的日常生活的机会一直只对中国人开放，外国人没有这个资格……除了极其特殊的情况。电视制作方和中国应急管理部高层领导达成一致，允许我到福州进行这次独特的体验，以便我更好地向电视观众介绍这些致力于保护人民，甚至还包括人民宠物安全的消防队员们，了解他们的现状，体会他们的兄弟情谊，感受他们的宏伟使命。

每天清晨，消防队员们都在城市中心广场升国旗，进行高强度的出警与灭火训练，还练习急救，以做好准备在任何突发事件中极端不利的现场环境下实施救援……尖锐的警笛声中，我从消防站的楼梯上跑下，匆忙穿上防护服装（比消防员们慢了两分钟），爬上长长的梯子，身上系着安全绳（真的非常安全）悬吊在空中，根据经验丰富的队长的中文命令展开巨大的水管，我的笨拙让队长忍俊不禁，他允许我在宿舍一张简陋的折叠床上休息片刻，然后与他的队员们共进早餐。

最后，我们驾驶一辆四座敞门小车前往检查城市中心商业区的商店。和世界其他地方一样，消防制服赢得了市民的最大尊重，还赢得了路过的年轻女孩最迷人的目光……群众自发的支持，正是给予这些模范男子的最佳奖励。这和法国也非常相似，那里的小孩子和青少年都和我一样喜欢消防员们，每年 7 月 14 日的举国狂欢背后，都有着他们的枕戈待旦，我经常会在那时的城市道路上看到他们全副武装的样子，还曾经在工作室的屏幕上看到他们与可怕却频发的森林火灾战斗的身影。能够在日常生活当中与他们亲密接触，这是一种真正的荣誉，我至今仍然沉浸其中而不能自拔。

中国人尊重长辈的观念根深蒂固，已经深深植入了他们的文化。他们的态度、习惯和思维都深受这一点的影响，而这往往与我们西方社会的惯例形成鲜明对比。比如，中国人会尽可能长时间地利用老年人的经验，将其传授给年轻人，因此，他们绝不会以这样或者那样的借口来剥夺一个 50 多岁的人的工作……相反，他们希望老年人能够在其他地方利用自己

我想也许我不应该练这种"杂技"

的技能培训新手，传授自己的知识，根据自己多年的经验来提供实用的建议，帮助明智行事。老年人的成熟度与青年人掌握的新技术相互结合，常常是最优效率的保证。与西方不同的还有，在中国，人们会条件反射般拒绝将自家老人送往养老院——在他们眼中，那里是不幸老人的聚集地，这些老人的家人以他们不好相处、照顾他们很麻烦为由将他们推出家门，利用他们以离开来完成自己对小辈最后的"贡献"的心理，之后便很少来探望，听任他们孤独终老。相反，在中国，老人往往都被留在家里，除非因为医学原因而不得不住院——通常都是很短的一段最后时光，否则他们当中的绝大多数人都会在家人爱的陪护下去世。总之，这是另外一种文明，另外一种习俗。不过，出于对亲人的挚爱和对家庭的重视，我依然喜欢在脑海中设想一条将地中海原则和中国原则融为一体的道路，来创造拉丁人和亚洲人共同的美德……

在中国，为了让老一辈生活得更好，人们做了很多的努力。每天都有众多公园敞开着大门，在那儿，银发老人，或是将一头银发染成了乌黑的老人们能够进行一些简单的体育锻炼来保持健康。各种小型运动设备随处

让我们一起转起来

可见，一队队老年人在街边的小广场上练习集体舞蹈或合唱。无论夏天还是冬天，白天还是晚上，比玩家年龄更大的老树阴凉下，永远聚集着玩象棋、纸牌和麻将的老人家，退休的中国人晚年似乎总是不乏快乐。这些苦难年代的幸存者们有很多人都喜欢强调当下这个社会的优越，这个社会也确实为年轻人提供了他们在同样年龄时无法梦想到的东西，他们当初团结一致为自己的国家能够走到今天而艰苦奉献，一方面是牺牲精神使然，另一方面也因为那是义务所在。看到曾经肩负岁月重担，受到残酷洗礼的老人们快乐地微笑着，以玩笑的口吻谈论一切，真是太棒了。这里没有人会敢于攻击或侮辱一位退休老人，因为这会被认为是一种应该受到谴责的人性缺陷，对历史和对历史经历者的卑劣犯罪。千万不要尝试……

虽然中国各地对老年人都是一样的爱护，但是一些地方依然能够以自己独特的模式脱颖而出，这也让当地政府深感自豪。福州就是如此，当地有一项积极的计划安排福州老年人的日常生活。福州是一座超过700万人口的城市，与台湾省隔海相望，两岸每年都有活跃的商贸和文化交流。20

世纪初，法国作家保罗·克劳德尔（Paul Claudel）就曾经在此担任领事，并写下了一些作品。福州建立了大量的文化中心，为老年人免费提供各种文化活动，比如绘画、烹饪、舞蹈和铜管乐队等，这一切都成为他们举行活动的理由——真是个名副其实的"有福之州"。就如我观察到的那样，这是一个人人幸福之城。福州或者中国其他地方的老年朋友们，无论如何请再等等我，我就要来加入你们啦！

35. 香港的影子

　　我是在特别的情形下探索香港的。某天早上，为了拍摄《奥利弗游中国》的两集内容，我和电视制作团队抵达了这里。当时其他所有拍摄都已经在欢乐的氛围中完美高效收工，而在香港，似乎没有任何事情能够按照计划进行。我们生活当中总会遇到一些日子，命运变得格外苛刻，诸事不顺，一切都会出错……我先是对香港的狭小和拥挤感到震惊。酒店的房间小到不能再小，市中心满是拥挤的人群，而且我注意到，这里每一寸土地都被利用了起来。香港的人口密度为每平方公里超过 6000 人，所以建筑

香港维多利亚港的日出

设计师们只能拼命把楼往高里建。幸运的是，疯狂年代的城市规划还是为有益身心健康的公园留下了空间。香港的人口密度比摩纳哥更甚，它就像一块巨大的岩礁，上面挤满了各种不同种类的海雀……好吧，我其实夸张了，而且夸张了不少，因为当时刚刚到达就工作受阻，我那一刻的心情确实很糟糕。不过，这个第一印象很快就翻页了，因为我遇到了很多温和平静、乐于助人的居民，他们只想在这个目前依然多多少少留存着殖民历史遗迹的地方安静地生活。尽管人类动荡的历史随着时间演进依然摇摆不定，但是当下的香港依然存在着一种相当活泼的气息。此外，我同样是从一开始就注意到这个城市人口的多样性，有英国人也有中国人，而且即便是中国人，也都是来自大陆几乎所有的不同地方，这种强烈的融合感也让我很感兴趣。

然而，香港的故事又是多么不同寻常！根据 1842 年与大英帝国签订的《南京条约》，这个曾经属于中国的岛屿成了英国的殖民地，直到 1997 年，根据 1898 年签订的修订条约，香港才被归还给中国。香港独特的行政、经济和文化特征，使得如今的它成为一个特别的城市。它和中国其他城市不同，有着不同的法律体系、不同的货币、不同的国际电话区号和不同的网络域名，它还拥有自己的国际运动队和自己的交通规则（与内地相反，香港采用了英式交通规则，也就是机动车靠左行驶，驾驶位在右）。香港的银行业和证券业非常活跃，影响着全球金融市场。在这里，人们主要讲粤语和英语，但是到处都有普通话课程，这进一步增大了对内地学生的吸引力，并大大拉近了香港与内地的距离。中英联合声明指出，在移交香港主权后，香港还会保持 50 年的"高度自治"，也就是说一直要持续到2047 年。《中华人民共和国香港特别行政区基本法》以"一国两制"的形式管理其政治制度，具有显著的特点，后来也为澳门法律所借鉴。澳门是前葡萄牙殖民地，1999 年回归，是博彩业的胜地。显然，这是抛弃了各方的政治成见，着眼于维持城市地位的安排。

我清楚地知道，香港肯定比我受到压力困扰而满心怨恨时留下的那个

美妙的工作，为刚捕获的鱼分类

印象好得多。在香港度过的这两天简直是糟糕透顶：由于一个假冒的北京翻译，一个能力完全无法胜任这些拍摄的年轻女孩，我们被爽约被误解，不得不在最后一刻放弃了原本的构思，临时想了一个在我看来没啥亮点的选题。这些都让我压力巨大，好在我最忠诚的伴侣，最后的救主——天生的幽默感拯救了我，让我得以克服了所有的困难和不安。然而，在我的中国之行中，这种情况虽然绝对是个例外，但是我们知道，例外总是会在某时某地突然发生的……不管这些令人痛苦的不便到底是怎样降临的，我们终归还是成功完成了两集片子的拍摄，在此我要再次感谢团队付出的巨大努力。问题在于，我因此未能真正体验到香港的各种好处，因为节目拍摄才是我的第一要务，我太专注，甚至痴迷于此。要好好地讲述一段经历，我必须得有时间去跟人接触、去感知、去探索，必须得有不同寻常的时刻、有观点的碰撞、有多种多样的情感。这事关真诚，也是我和那些喜欢我的、在电视上追随我的人之间的默契。

　　因此，我对自己发誓要尽快重返香港，更好感受它独特的灵魂，探索它的脉动，享受它的优势，正是这些优势塑造了它的身份，让它与众不同。我希望花更多的时间在这里发现和分享，了解它的方方面面。我的朋友们都强烈鼓励我，我知道他们是对的。香港，等着我，我知道我们会相爱的，之后我就可以将你在我记忆中留下的激情讲述给全世界听……一言为定。

不过，还是先让我们回到初次的邂逅吧。香港名字的字面意思是"芬芳的港口"，我很快就明白了这一名称的由来。维多利亚港是世界最重要的贸易港之一，正是从这些每天都忙忙碌碌的码头，我开始了我的探索。除了来自世界各地的货物在此中转，渔业也是维多利亚港的重要业务。还有什么比当鱼贩能更好地了解这份工作和这项产业呢？于是我像他们一样，穿上橡胶靴，套上围裙，戴上手套，以免被某些海洋生物咬伤或是被某些硬壳类动物划伤。万事俱备，就等体验了，虽然我一度成为那些或搞笑或谨慎的码头工人眼中的焦点，但是我决定全身心投入到角色中。激动人心的一幕开始了。当初升的朝阳在港口投下堪比印象主义大作的绚丽色彩，拖网渔船的舞会开场了。在多年来练就的完美同步的默契下，停靠在岸边的渔船立即将各种各样的鱼类倾倒在码头上，数百名员工手脚不停地进行分拣，之后卖给批发商，批发商则将采买到的鱼迅速转移到巨大的咸水桶中，送到各个卖场。大家东奔西跑，往来穿梭，有人用中文大声叫着我的名字，让我局促不安。我尽量使自己融入到这个群体当中，工作的节奏简直是地狱级别的。鱼腥味、人们的汗水味以及柴油的味道交织在一起，伴随着发动机的轰鸣声和码头的喧嚣声……我的任务是处理一堆小鱼，这些鱼胡乱堆放在码头上的碎冰上，我必须把它们的头去掉，一个吹着口哨的年轻同伴是我的"导师"。之后就是奖励时间了，堪称极乐世界，让我这样的享乐主义者也赞不绝口。小酒馆是这些工人白天小憩的地方，他们围坐在一起，点上一瓶冰啤酒或是常温啤酒（因为中国人会避免喝太冰的东西，传统观念认为，喝点温的对胃更好），吃着几分钟前从市场上买回来的海鲜。这里也是许多香港富豪的必来之地，他们屈尊至此，就是为了以极低的价格，吃到最美味的海鲜。在啤酒的芬芳中，所有的社会藩篱都立马消失不见，这太棒了。

维多利亚也是港湾的名字，在那里，每天晚上的灯光秀像一场永恒的

万千灯火下的港湾之夜

盛筵，吸引着喜欢这种声光表演的人们前来欣赏。街道上也是人潮涌动，复古风格的有轨电车和双层巴士来来去去，似乎只有晚上才营业的商店和餐厅客流如织。香港是一座不夜城！

香港各大学和学院的学生来自全球各地，因为将后代送到香港是一个不错的选择，当然需要指出的是，这里的入学要求与教学水平一样高。充足的资金也是必不可少的，因为这里的教育成本一点儿也不低。从香港的大学毕业，在国际就业市场就有了毋庸置疑的本钱。中国和世界其他地方的富裕阶层都意识到了这一点，而父母为孩子作出的这个求学选择，又促进了香港在文化和民族上的多样性发展。

正如我所看到的，世界性是香港最大的魅力之一，也是它在所有领域保持活力的主要原因之一。香港的年轻人完全不必羡慕迈阿密。香港的气候适合在全年开放的露台上温习功课，文化郊游活动众多，有繁荣的电影业和众多的音乐厅，一年四季都有各种体育活动，有无限的欢乐选项让他们忘记学习的压力……还可以登上游船，和其他香港人一起漫游著名的珠江三角洲。

我刚好受邀体验，与我一起的还有几位富有的学生，他们坐着家里的游艇，来庆祝其中一个人的生日。平静的海浪声令人昏昏欲睡，我和他们聊起了天，他们对我的突然到访表示很开心，因为对他们而言，能接待儿时看过的《城市之间》节目的主持人简直是梦想成真。他们对我非常关注，但是也让我又一次意识到，自己已经老了很多……阔绰的接待、丰盛的自助餐、冒着泡泡的酒水、女孩们咯咯的笑声、大量的自拍，一到夜幕降临，这一切便理所当然地将这个富人小世界引向了下一个活动——卡拉OK。在中国，无论何时何地，唱歌都是一种本能的庆祝活动，无论你唱得像大歌星一样好还是像大猩猩一样糟。

我必须请求迈克尔·杰克逊的原谅，可选的英文歌实在太少，而他的歌对五音不全的我来说太高了。当我破嗓的高音掠过海面，似乎浪尖上的泡沫都在跟着发抖，但是又有什么关系呢？开心并不丢人。

36.中国国际电视台与社交网络

　　2018 年，我来到了中国中央电视台面向全球播出的法语频道，担任该频道的节目专家与全球顾问，同时还是一系列能够凸显我自己在中国媒体上独特风格的新节目的策划人及主持人。这于我而言实在是莫大的荣幸，我对此满怀激情，自然希望能以最好的状态参与其中。

　　首先必须承认，我离经叛道的职业生涯中，曾在多个不同国家的国家频道工作过，中国中央电视台与它们对比，优势显而易见。这里没有多年来不断改造的老化建筑和越来越难以为继的预算，没有勉强进行了技术升级却依然显得落伍的摄影棚，也没有让看似现代实则有五十年以上历史的大楼暴露出本来面目的老旧走廊。这里一切都是崭新的，新得耀目，一座竣工还不到十年的巨型建筑内遍布高科技设施，这栋建筑造型富于独创性，所有在此工作的人，乃至所有的北京及北京之外的人们都为之感到自豪。这栋建筑由于其独特的外形被戏称为"大裤衩"，每天都有很多路人、游客及现代建筑爱好者对它拍照。它的造型闻名全球，形象出现在所有与北京有关的旅游宣传品及相关资讯中。说到这里的工作人员，在从电视到新媒体（最先进的社交网络，主要面向年轻观众）的各个领域中，多达数千人，平均年龄为 25 岁至 30 岁。对于老奥利弗来说，这是一次多么激动人心的美妙之旅啊！我喜不自胜。虽然我的日程安排经常受到许多餐会、鸡尾酒会和各种各样会议的影响，但是我依然几乎每天都会步行或者骑自

中央广播电视总台大楼

行车去台里，我经常发现自己在路上会情不自禁哼起歌来，或者是想到一些大胆的点子时又会自顾自笑起来，又或者一边赶路一边构思节目，越思考越兴奋，如同第一次去赴约会的少年那样自言自语、自问自答起来——一言以蔽之，我以一种计划之外却难以抵抗的方式为自己重新创造了一段少年时光，人们称之为幸福、喜悦。感谢中国。

我制作的第一档原创系列节目名为《与大使共进晚餐》，我在本书中有整整一个章节的篇幅献给这段经历。随后，我接受了一项重要任务，向不同年龄段、不同社会阶层、不同身体状况、不同喜好的全体中国人民展现冬季运动的吸引力。即将来临的2022年冬奥会要获得成功，首先必须受到广大民众的欢迎，因此所有的滑雪及攀登项目、所有的雪山和雪谷、所有的冰雪运动历史以及过往冠军们的成就，都可以作为节目素材尽情使用，从而吸引人民群众共同参与这场即将到来的国际盛事。

我带着一个小型的电视团队，去探访未来奥运比赛场地之一的施工现场，一些运动队已经来到，在刚刚完工的赛道开始进行私下训练。我们首先看到的是那些高架桥，虽然桥上现在还没有车辆通行，但冬奥会时每天

笑一笑，要开拍了

几十年前的中国滑雪健将们

到"中国滑雪之父"单兆鉴家做客

都会将成千上万的游客从高速公路或者高铁站带到这里，周边的酒店也正在进行最后阶段的施工，它们热情地期盼着游客的到来。施工飞速进展，周边的经济发展如火如荼。然而，我却更想了解当地自然保护与生态的情况了，好在他们告诉我，这里所有的工作都遵守着最严苛的环保规定。好吧，那些松鼠和其他啮齿动物，还有鹿和小鸟都将见证一切。人类社会总会不停地发展进步，因此我们更必须懂得节制，懂得与大自然和谐相处，我们相信，在欧洲和其他一些地方山区曾经发生过的那些不合理，甚至堪称野蛮的开发能够成为前车之鉴，帮助人们更好地决策……值得一提的是，中国政府坚定地致力于承担起所有新的现代基建项目的生态责任，而相关的新规定得到了年轻一代的一致拥护，同时由经过宣誓的专家进行监督把控。当然，这并不容易，要在巨大的经济利益与新法律法规之间求取平衡，无异于走钢丝。煤炭的使用依然是个大麻烦，但是由于找不到足够的短期替代品，一时间依然难以解决，我祈祷这个"大敌"有朝一日可以真正远离我们的生活，哪怕有些人会因此感到难过……

我继续探索其他冬季运动新场地，来到了一个全新的滑冰场，那里正在进行冰球裁判的培训，他们将作为裁判参加即将到来的奥运会，以及各

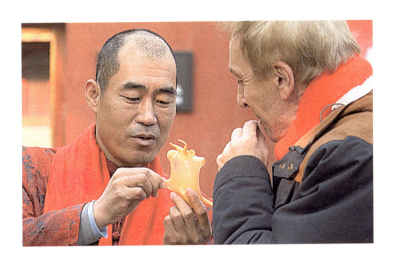

糖塑艺术

类大型全国性及国际性比赛。这里的气氛十分轻松，虽然裁判们日后的工作任务颇为严肃，但这并不妨碍他们现在向前来尝试所有冰上运动的爱好者和旁观者展示自己的冰上身手，现场呈现出一片友好分享的欢乐气氛。就在这一天，这里还迎来了一群年轻的非洲学生，由他们的老师组织，来体验那些于他们而言几乎完全陌生的运动项目。笑声此起彼伏，让人莞尔的场景不断上演，都是绝佳的搞笑小视频素材。和这些来自非洲大陆的年轻朋友的相遇真可谓十分有趣，这一天完全是超现实的，我竟然偶尔还能成为他们临时的滑冰老师，根据他们在冰面上的表现，我给他们提了一些基础性的建议。年轻的他们无忧无虑，无所顾忌，所以拥有必要的勇气与希望，其中几个人经过了一小时令人捧腹的摸索后竟然飞速适应，让我颇为惊喜。也许他们身上的天赋正在滋长，有朝一日将代表他们的国家参加滑冰或者冰球比赛，拭目以待吧。总之，哪怕是简单的尝试也是好的。有几个人甚至通过一种自动装置体验了他们人生中的第一次滑雪，他们对于滑雪坡道的向往由来已久，无数次在电视画面和那些去过高山滑雪的朋友们的照片中见过。希望我们很快就会在滑雪道上相见！

在另一个冰场上，我发现了冰壶运动的乐趣，一位知名的中国教练指导我，这项运动看似轻松，其实不然，对双腿的支撑力要求极高，我酸痛的腿部肌肉第二天就证明了这一点……至于冰球，这项运动正在中国蓬勃发展并且收获了一些傲人战绩。北京职业队中的一名成员自告奋勇担任我的教练，教我如何射门。我手持长长的冰球杆，死盯着球门和全副武装如同古代武士一样的守门员，随后我奋力一击……势大力沉的一球从守门员双腿间飞速入门，他似乎对于我射门的力度和准度颇感惊讶，让我有点小骄傲。我们握手拥抱，结束了这场竞技。但是突然间，我心中升起一股挥之不去的异样感觉……守门员是不是故意放水，来取悦我和鼓励我呢？我无从得知，但重新回顾了那些画面后，我对自己说，不管怎样，作为一个新手我还不赖。这是属于新手的运气！何况这一个月来，我的工作都是在运动中度过的。

几天后，我去参加了一个北京服务行业的展会，其中很大一部分与冬季运动相关。这次展会的地址非常特别。这里曾经是一家巨型钢铁厂，长达一个世纪的时间中，就像埃米尔·左拉（Emile Zola）在小说《萌芽》中描述的那般，有成千上万的工人曾在此辛苦劳作，无产阶级劳动人民历经诸多苦难，为工业及社会进步作出了巨大的贡献。如今，我们漫步于这

歌声献给与疫情战斗的英雄们

接受法语频道的专访

片遗迹之中，想到无数人曾在此精疲力竭地工作，令人心生怜悯。一些高炉与烟囱依然保存完好，但是被工人们足迹磨损的沥青和木板地面，已经改造成了花园，而昔日巨大的车间则化作了展厅，一年到头举行着各种各样的展览。这种神圣的集体记忆联结着美好的未来，是属于中国的特色，让人心中的敬意油然而生。

我漫步在展厅的过道上，看着游客在绘有冬奥会吉祥物的冰场上学习滑冰，或者在奥地利的一个展台上学习高山滑雪——这个展台展示蒂罗尔风光的显示屏前有一部缆车车厢，成了市民们的拍照胜地，或者戴上 3D 眼镜，利用配备了最新技术的模拟器体验雪地摩托的感觉，又或者尝试其他各种不同的专业装备……不知不觉间，我就走到了一个看起来更像是互动博物馆的展台前。这个展台属于新疆，我将在这里尝试一种发明者可以追溯到数万年前的滑雪技术。有一种说法认为，滑雪运动起源于中国，因为新疆阿勒泰的一个著名的洞穴中曾发现一些史前绘画，经过专业研究证实了一个难以置信的事实——当时的人类就已经创造出了这项技术，我在这个兼具运动与文化的气息的展台上还看到了这些岩画的精美复制品。画中可以清晰地看到人们脚踩板条，在兽群旁边滑行。他们当时使用的只是两块非常简陋的木板，为了方便滑行而贴上了马皮。当然，这一有趣而睿智的发明并非我们所熟知的高山滑雪或障碍滑雪的前身，而只是一种非常原始的越野滑雪，目的是为了便利人们在雪地上活动。我的双脚被绳子绑在滑雪木板上，尝试用一根长长的木棍帮助前进，就像在白色的海洋上划桨一样，真是一番有趣的经历。

从过去转向未来，我又遇到了一位年轻的中国发明家，他刚刚开发了一种革命性的织物。通过我的测试，证明它既能承受高达124℃的高温，也能承受低至−50℃的低温。当然，面对摄像头，我一如既往地从不放过任何向中国电视观众推广那座我所珍爱的小岛的机会，因此我建议到留尼汪岛的富尔奈斯火山进行测试，或者前往勃朗峰，如果有朝一日我去那里冒险的话。我们肯定会再次谈到这项发明。

最后，我参观了一个由防火材料制成的舒适冰屋，它可以在……22秒内完成组装。以我1米87的身高在屋内很自在，无须弯腰。当我回到维尔科林时，可以在滑雪场旁边搭上这么一座，作为我的超级临时安乐窝。维尔科林是我最喜欢的瓦莱州小村庄，我曾经在那里体验了瑞士完美的雪地胜景和无上的幸福。著名歌手弗洛朗·帕尼（Florent Pagny）曾经在瑞士的电视上称其为"世界上最好的滑雪胜地"，我十分赞同！只不过，从现在开始，我将更加钟情于新一代的小型滑雪板，因为它更加神似阿勒泰先行者的简陋板条！

在北京市众多的大学之中，有一所大学一直致力于近年来日益受到关注和欢迎的体育研究课程。这所大学拥有一个巨大的崭新的建筑群，包括宿舍楼和教学楼，也包括可以进行多项体育活动的基础设施。这里会定期举办研讨会，讲师当中有一位风度翩翩的老先生，他住在学校，我与他在学校的花园中相遇了。单兆鉴先生曾经是全中国体育界的骄傲，1957年至1960年间，他一直作为中国越野滑雪运动的关键人物，赢得了当时亚洲所有的奖项。作为中国滑雪史上第一位奖牌获得者，他是这项运动的先驱，也是后辈们的指路明灯。我在他的身上仍然看到了这项运动的痕迹，尽管他已经 80 多岁，却仍然身强体壮。他把我带到他家中的收藏室，墙上挂满了照片、证书及奖牌，家具上摆放着成排的奖杯，都是他辉煌的职业生涯的战利品。他眼中闪着光，笑着告诉我说，我是第一个来到他这里的外国人，对此我感到莫大的荣幸。

在他过往的光辉岁月里，他被称为"雪上飞"。当他功成身退，收起比赛用的雪杖时，他获得了国家表彰。随后，他成为各类体育活动的荣誉顾问，尤其是冬季运动项目。他重新上路，开始了自己的第二段职业生涯，第二段当然与第一段有所不同，但相同的是，他依然深度参与到了中国滑雪运动的发展之中。当中国实行改革开放，经济创纪录扩张，实现两位数的增长时，正是他把握住了机会，站在了中国推广冬季运动的第一线。他说服国家的最高领导层相信建设和开放现代滑雪场的迫切需要之后，自己也选择了中国第一个也是当前最繁忙的滑雪场，北京附近的崇礼。正是在他决定性的推动下，中国现代滑雪产业就此诞生，5—10 位志同道合的人聚集在他身边，他们一起决定了滑雪运动在中国的未来，后者在新世纪的中国体育休闲领域具有革命性的意义。不过……我的这趟惊喜之旅还没有结束！这位令人敬爱的先生随后对我讲述了他作为中国大众文化学会冰雪专委会主任所经历的故事，当年完成崇礼的工作后，他便担任了这一职务。他以科学的方式确定无疑地向我证实，滑雪起初并非一项运动，而是人们发明的一种更实用的雪地交通方式。通过研究制作马皮包裹雪板所必需的材料，他将目光锁定在挪威、西伯利亚和新疆地区，这些地方史前时代的雪原上恰好同时存在合适的木材和马匹。但最终仅在中国的新疆发现了那些古老人类的痕迹。于是他带领一个专家团队集中精力在新疆开展研究，他们在一个洞穴中发现了一些岩画（即我在前文提到的），证明了滑雪的起源，他将自己的一生都奉献给了这一充满激情的运动。一个人竟然可以同时是一位意志坚定的冠军、一位杰出的运动员以及一位有所建树的知识分子。我向您脱帽致敬，冠军先生。

在与中国国际电视台的合作中，我作为受邀嘉宾参与了大量节目。这让我有机会像在本书中一样讲述自己的各种经历，尽管不可能和书里一样详细；我在节目中讲述我来到中国之前的时光，接受精干的主持人的采访，或在一些精心制作的纪录片中发表对当下的看法。有些节目甚至在电视节上获了奖，但我不可能亲自出席每一个颁奖典礼，当我时间不凑巧或身体条件不允许时，只能委托其他人代领……不过，得到同行的认可仍然可以令我感到莫大的荣幸和深深的喜悦。这种认可对我而言并不多，在瑞士的那些年里，我长期疲于应付那些平庸的制作人以及魄力不足的决策者（谢天谢地，不是所有人都这样），有时回忆起来，我都会奇怪以自己的性格怎么能够忍受那么久。人们经常会问我"你在这个小小的国家得到了什么"，我的回答是，瑞士的宁静是一味温和的麻醉剂，而我们无疑太容易沉溺其中了。因此，中央广播电视总台和社交网络上那些有我参与，有时会持续整整一个小时甚至更久的精彩节目，常常能让我跨越此端的平淡，这是我一直都很喜欢做的事，我在荧屏上玩得很开心。我自问不能算新闻工作者，也没有成为传媒巨子的野心，我只认可一个自己有时会被赋予的微妙称号——"荧屏魔幻艺术家"。是的，我喜欢在荧屏上唱歌、表演喜剧、朗读散文和诗歌、讲故事来传递欢乐，承担一切风险去愉悦同时代的人们。有人会说我是个"小丑"，很好，我喜欢这个定位，因为它在我看来充满诗意和自由的气息——我欣然笑纳。

因此，尽情享受中国现在提供给我的各种各样的机会于我而言再正常不过，比如在电影或电视剧中扮演角色、为中国电影或电视剧配音、在视频中用充满人文关怀的嗓音为新冠疫情期间那些英雄般的医护人员唱歌、参加中国京剧汇编节目、作为惊喜嘉宾参加即兴创作演出……如今我正兴高采烈地参加着所有这类活动。我尽可能地挽回那些失去的时间，哦，不是指那些花在我钟爱的独自旅行上的时间，也不是指参加电视会议的时间；而是指那些因为希望破灭、选择太少或者不尽如人意而耗费在期待、无聊、空想与幻影上的时间。这就是生活：太多时候，我们不愿意冒险，只是为了保护那些已经拥有但实际上微不足道的东西，而如果我们敢于冒险去祈求生活的恩典，生活总会以奇妙的方式带给我们惊喜。生命如酒，越陈越香，这诚然不假，倘若这香在一个痛苦的数字之下则只能算作是最微薄的安慰——这个数字正在我们生命的时钟上不断增长，不可抗拒地奔向最后的深渊，因此，你必须不断去反抗，不断去玩耍。对，玩耍，多么可爱的字眼，表演喜剧其实就是童年的延伸。我最近又回到了剧场，回到了舞台上，这简直是一次重获健康的朝圣。我写了一部道德喜剧，而编剧本身就是一种表演或者玩耍，想要成功必须先微笑，也许这个新机会能够让我们开怀大笑，希望不久后，这部戏就会来到大家面前。

重新说回中国国际电视台，我在这里的旅程仍在继续，我会不时为一些没有自己出镜的节目提供选题建议，也会为一些其他人制作的纪录片、辩论或座谈会提供意见，当然还会主持一些旅游、娱乐或美食内容的简短纪录片。除了官方电视频道，这些节目还经常在社交网络上播出，如今在中国，社交网络已经成为最大的视听平台。尤其是年轻人，他们花在智能手机应用程序上的时间远远多过看电视的时间，而他们看得最多的内容是短视频。观众数量多得惊人，当一档节目具有吸引力时，观看者每天都会增加。我极具个人特色且轻松的风格似乎很符合现代网络上的观众品位，这可真棒，因为我可以在很长时间里继续在这些渠道中表达自我了——快乐至上。

我记得这些 5 分钟的短视频最初是为了中央广播电视总台旗下的社交网络而制作的，但是现实当中，它们被翻译后，反向输入了中国国际电视台和中国中央电视台，比如我介绍中国新年基本习俗的视频。首先，为什么在中国的新年期间，就像挂在树上、房上或者门前的灯笼那样，红色会成为随处可见的主色？因为据说这种颜色可以震慑和驱赶恶灵与敌对的动物，而且它也是血液的颜色，代表着生命，当然，它也象征着力量与激情，不是吗？

我们在街头巷尾或公园里随处可见一些工匠的小摊位，他们将一根细小的管子一端含在嘴里，另一端插入热糖浆中，制作糖塑。很快，一个生肖动物形象的糖塑就吹好了，我们可以把它作为春节装饰品送给亲人朋友，而它的最终命运往往都是被虽然贪吃但是与糖塑一样可爱的孩子吃掉。

在春节期间，另一个悠久传统就是买面人，它们通常被塑造成神灵、动物或仕女的形象。我见到了这一艺术领域无可争议的大师之一——彭小平，这项艺术能带来十分可观的收入，他因此同时收获了财富与荣誉，令我感到颇为惊讶。他从 3 岁起由父亲亲授技艺，父亲将此作为一项珍贵的遗产传给了他。这位捏面人艺术界的"莫扎特"成年后，每当新年临近，就在自家门口摆上小摊，出售自己的作品。随后这类小摊在北京遍地开花，而这些艺术家老板们都是他的弟子。由于生意兴隆，他开设了一家大型工作室，严格遵循着这位艺术大师的建议与操作方法，如今，精美的作品已行销全国。不过，被人们高价抢购的当然还是这位大师亲手制作的作品，只有那些有幸进入他的优先级客户名单的人才能买到。他用各种小镊子和小剪刀创造自己的面人，并且配上各种颜色的小装饰。最终的成品让人拍案叫绝，真是高精度的伟大艺术！

他为我精雕细琢了一个生肖牛面人，将它嵌入半片核桃壳当中。他还向我展示了其他面人作品，有穿着全套礼仪服装的皇帝，衣服上所有完备的小细节都凸显着庄严威武，有嵌入到核桃中的八匹小马，有一位被一群正在舞龙的胖孩子围着的财神，还有其他各种令人难以置信的小作品，极具审美意趣。我甚至还有幸上了一堂大师亲自指导的课程，结果让我怀疑自己笨拙的手指是不是和鸭蹼一样根本分不开，虽然想像大师一样塑造一头牛，但是"粗制滥造"的作品看起来更像是某种未知的史前生物。告别时，我满怀着谦卑和钦佩的心情向这位艺术家致意，并用中文向观众致贺："新年快乐！"

在这里，不仅仅只有中国人"过年"，所有的外国社区也会参与其中——中国农历的新年大致都在公历每年的 1 月底到 2 月初。我们当然都会吃中餐，尤其是著名的饺子或者烤鸭，但我们也会经常在外国餐馆聚会，这些餐馆通常会根据节日调整店内菜单。北京有一家"法国里昂餐厅"，由一位大厨朋友创建，她曾在一流的地方接受厨师培训——里昂的保罗·博古斯学院。保罗·博古斯（Paul Bocuse）这位已故大师是美食界无可争议的教皇，我尊敬他，像所有里昂人一样以他为荣，几十年来，他将自己的烹饪激情传播到世界各地对之感兴趣的地方，他的光环在全球美食界熠熠生辉。就像他常说的那样，他"让厨师们走出厨房"，让他们成为法国美味的大使，让他们像美食界的先知一样在全球各地传播赞颂法式美食。我选择了这个美味的餐厅，一推门就闻到芥末肥肠、奎内尔里昂鱼丸和奶油烤土豆的香味；我非常希望让中国观众了解多样的美食，在大家已有的食谱中加入这一俘获了我的心、我的味觉和我的胃的里昂菜系。里昂伟大的母亲们创造了里昂的美食历史，她们的丈夫——里昂的丝绸工人，则努力将来自中国的生丝加工成精美的纺织品。我在本书的另一章中详细介绍过他们的故事。今天，最伟大的明星厨师们依然异口同声地说他们的天赋是来自自己勤劳而光荣的母亲。我亲爱的母亲伊薇特就是这光荣传统值得尊敬的继承人之一，这是我天佑的福分，也是我美食人生的基础。

为了在视频当中向母亲表达应有的敬意，我决定在朋友纳迪亚（Nadia）的厨房里制作一份鸡肝蛋糕，再配上美味的里昂特色鸡肉肠，淋上热番茄酱，装在玫瑰色的盘子当中，堪称完美。有数百万中国观众都收看了这一"伊薇特食谱"，后来还有不少人专门联系我，说他们成功制作了这道美食，并且非常享受其味道。由于这期美食短视频大受欢迎，中央电视台的国际频道决定正式播出，并配上了中文字幕。节目带来的另一个直接影响就是，母亲配方的里昂鸡肝蛋糕还征服了非洲法语地区，我感到非常自豪！我相信，我的母亲伊薇特与美食大师保罗·博古斯也会非常欣赏我这个"里昂之子"的做法，我以此向他们表达最诚挚的敬意。我的朋友纳迪亚大厨决定将这道菜加入北京里昂餐厅的菜单中，那里的顾客大多是中国人，他们经常光顾此地并在这里发现了自己喜爱的美食。尤其是在国家节日期间，她会特意让朋友们尝一尝法国的标志性菜肴。法国是中国的老朋友，是第一个与中国建立大使级外交关系的西方国家，当年戴高乐（Charles de Gaulle）将军经过深思熟虑，于1964年正式承认了中华人民共和国，这被历史证明是务实和富有远见的举措。虽然当时一些西方国家对此非常恼火，但是戴高乐将军强调的是"事实与理性的分量"……历史永远不会停止前进，法国的美食也在与时俱进。

37.《与大使共进晚餐》

北京是世界最重要的外交场之一。每一位驻华大使都是其所在国政府或者其国王精挑细选的俊杰。他们之所以会被选中，都是因为在内阁当中展现出了非凡的能力或者过去拥有丰富的经验，而来到北京便意味着他们的职业生涯登上了一个小小的高峰，甚至这里还可能成为去往更高处的跳板。

我曾经长期居住在日内瓦，至今依然在那里拥有一处房产，对这座特殊的城市自然是非常熟悉。长期以来，我一直对地缘政治很感兴趣，乐于参加任何关于世界历史和演变的讨论和交流。这座漂亮的瑞士湖滨城市和纽约一样，是联合国许多机构的所在地，大量全球性机构和组织，以及主要国际文化和体育联合会都设在这里。各种鸡尾酒会、讨论会、落成典礼、官方晚宴，以及其他充满美食和友谊的聚会为来自世界各地的高级别外交官和其他官员提供了相互交流的良好平台，拉近了各国及其才华横溢的代表们的关系。

我经常带着极大的兴趣和乐趣参与到这些活动当中，只不过正如我经常重复强调的那样，我参会的身份是一位电视明星，而不是新闻记者。因此，我显然可以利用我对于这种环境的爱好和丰富的经验来帮中央广播电视总台制作一档节目。在我看来，完全可以忽略掉这里礼节性的一面，将视线聚焦在那些活跃在圈子里的男性和女性身上，这才是符合节目定位

《与大使共进晚餐》摄制组

的，而且还是有趣又有益的。

我向总台管理层提出了一个别出心裁的策划，即拍摄各国大使馆的非正式餐会。我根据自己与大使们的关系选择合适的使馆，请讲法语的大使和客人们围坐在官邸的桌前。大使可以谈论的话题包括本国和中国的关系，已经或者即将取得的商业和文化成果，本人和伴侣在中国的经历，对来到中国的本国访客的建议，对双边关系的展望等。在客人方面，我们可以邀请身兼两国朋友的企业家、外交官、艺术家等。不必说，菜单上必须有大使本国最有特色的美食，这既是为了节目的品质，也是为了我这个美食家的小小私心。

央视一度有点小小的犹豫，毕竟对拍摄可能偏离主题或者节外生枝的担忧完全是合情合理的，但是经过一番考虑，他们最终还是授权我来执行这一微妙而敏感的策划。这在很大程度上也要归功于我与每一位选定大使的友情，他们都保证讨论我选择的所有议题时奉行积极外交第一的原则，并允许在必要时中断拍摄，让我们吃了一颗定心丸。总之，绿灯亮起，大功告成。顺理成章地，第一个拍摄段落就是"与瑞士大使共进晚餐"，戴尚贤（Jean-Jacques de Dardel）阁下之前就给我留下了很好的印象，而此后还成了我的挚友，并为本书作序，令我深感荣幸。这位风度翩翩、成绩斐然的外交官，最引人注目的特质就是他丰厚的文化底蕴和对艺术的热爱，他在中国出任大使五年，无疑是一项可贵的纪录。大使夫妇和其他客人都来到大使馆的门廊上热情欢迎我，客人们手中拿着酒杯，脸上都带着鼓舞人心的微笑，我的节目无疑有了一个好的开端。我与快乐的客人们进行着高层级的交谈，在精心安排的轻快氛围之下，智慧与幽默洋溢全场。中瑞两国已经建立正式的政治与商贸关系 70 余年，双方的自由贸易协定也于 10 年前生效了。这些正说明了瑞士驻北京大使馆的地位非同小可。我的这档节目让观众得以分享一些非同寻常的时刻，得到了大家的一致好评，如雷的喝彩和祝贺声也让我可以更加自由和自信地与其他大使继续我们的日程。

我选择的第二个国家是摩洛哥，因为我曾经在那里度过了不下于

摩洛哥驻华大使阿齐兹·梅库阿尔（时任）还是一位高尔夫高手

"一千零一夜"的时间，对当地有很好的印象和很深的感情。事实上，20世纪 90 年代的大多数时间里，我都生活在这个自己一直珍视的王国，我一直无比怀念沙漠绿洲的峡谷、沙丘迷人的光晕以及传统集市的味道，一切至今仍鲜活在我的心中。还有，穿越乡村的小路边烹煮着传统菜肴的老式塔吉锅，杂技演员一样爬上野生杏树上寻觅美味果实的小山羊……每当我回想起那些活力十足、充满生命喜悦的小村庄孩子们的笑容，我仍然能感受到在当地一路遇到的朋友们的慷慨和温暖，这片马格里布地区的历史堪称是光荣与仁慈的范本。因此，我决定直接拜访尊敬的摩洛哥驻华大使阿齐兹·梅库阿尔（Aziz Mekouar）先生，邀请他参加我的节目。他的第一次接待很关键。这位才华横溢的外交官曾在布什和奥巴马政府时期担任驻华盛顿大使，但他总是非常谦虚，保持低调，以至于人们根本无法通过他的外表证实一条著名的传言——摩洛哥国王穆罕默德六世（Mohamed VI）曾经说过："我将最优秀的高级外交官派到了北京。"这位极具魅力的知识分子、天生的高尔夫球手有着非常敏锐的思维，以最纯正的摩洛哥传统方式热情、幽默而质朴地接待了我，我们一见如故。我们之后又见了几面，为节目做了些准备。本期节目大获成功，赢得了整个系列当中最高的收视率，风靡了摩洛哥的社交网络，好评如潮。遗憾的是，就在此时，可恶的新冠病毒开始传播，颠覆了一切。所有的日程安排、交流机会、项目计划短期内都宣告搁浅，既定的无法保证实施，而未来的更无可规划。所有的鸡尾酒会、招待会以及使馆之间的互动都停止了，会议和会面也暂停了。然而，我们与摩洛哥大使两家之间的友谊却逐渐亲密如同家人，致命的外部环境只能让我们在逆境中走得更近。这真是一个特殊的时期，现在我在大使馆都有着自己专属的餐巾环，大使夫人玛丽亚·菲利斯（Maria Felice）和我的妻子赛芙琳也成为亲密的朋友，我们四人小规模地聚会，共享摩洛哥的传统菜肴，有时候也会有一些其他国家的大使来参加，他们都为被迫停止礼仪活动和友好交流而感到遗憾。面对灾难，小小的外交圈子也只能依靠享受美食来做点微不足道的抵抗了。然而，我们当时并不知道，不久之后，一个真正的悲剧竟会降临在梅库阿尔一家头上……

几个月后，阿齐兹·梅库阿尔突然遭遇了一种罕见而可怕的疾病，摧毁了他的身体，将他困在了轮椅上。幸运的是，他的头脑仍然保持敏锐，领导大使馆的高超能力完整无损。借助新技术，他依然能够向他的下属传达所有的指令，例如在中国和摩洛哥之间组织空运，以运送药品、口罩和新冠疫苗等。他对使命的高度投入和国王的坚定支持使他的工作始终保持高效，并受到各国同行们的高度评价和有力支持。他是所有人的榜样，我必须向他致敬。与此同时，我也必须对摩洛哥国王陛下表示最深切的敬意，他对国家最热忱的臣仆之一表现出了令人钦佩的信任，不以后者罹患恶疾为意，一直保持着对他的任命，让他能够继续以高超的技巧担任这一崇高职务。这真的非常了不起，足以荣耀他的国家，这个国家历史上最根深蒂固的传统之一，就是懂得如何照顾自己的孩子。

北京对新冠疫情采取了非常严格的政策，等到疫情暂时从北京退去，我才能继续前往比利时大使馆。这是一个存在感很强的国家，欧盟总部的所在地。中比关系非常友好，不久前，我在北京参加了一场高规格的国际招待会，与比利时阿斯特丽德公主（Princess Astrid）进行了会面。于是，我在马文克（Marc Vinck）大使和他充满活力的妻子希尔德（Hilde）的住所举办了这场愉快的电视晚宴，邀请了才华横溢的中国和比利时宾客。节目再次收获了一片赞誉，还赢得了不少新的观众。欧盟驻华大使郁白（Nicolas Chapuis）也出现在了我们的餐桌前，他当时对新冠病毒危机预测似乎太悲观了，大家都觉得有夸大的嫌疑。在另外一次非常私人的餐会上，我们还谈到了他的话，对他的末日主义色彩浓厚的揣测不失礼貌地进行了一番嘲笑。然而不幸的是，事情后续的发展却似乎证实了他看似危言耸听的预测。对于这些明显令人感到不安的言语，我们也从温和的嘲笑转向了审慎的观察。毫无疑问，这些来自世界各地的智慧交流和碰撞，总是充满了各种不同的见解，而这些见解交织在一起，便能够以尽可能接近现实的方式预测未来。各种浪潮冲突交汇，每个人都知道事实真相必将产生于其中，但是最终的结果究竟是怎样的，却只能等待时间给出答案。

接下来我选择黎巴嫩作为新一期节目的东道国，这么做无论在外交还是美食层面都言之成理。20 世纪 90 年代初期，我曾经独自一人去该国进行过一次终生难忘的旅行。当时，外交、军事和制裁等方面高度紧张的局面刚刚平息，黎巴嫩与外界的航空联系尚未恢复，我只能从塞浦路斯乘船，来到该国北部的朱尼耶港。展现在我面前的，是一个被多年战乱摧残蹂躏的废墟国度。面目全非的贝鲁特，被占领的国家，叙利亚检查站无处不在。尽管如此，这依然是个真正迷人的国家，空气中飘浮着一股无忧无虑的气息。我是应优秀的医生朋友萨拉赫·阿斯福尔（Salah Asfour）的

与黎巴嫩驻华大使米莉亚·贾布尔女士和一位黎巴嫩部长

邀请去旅行，他带着我接触了来自不同群体、不同宗教、不同文化背景的人们。他们都对我表示了难以置信的欢迎。我已经完全被黎巴嫩人强烈的乐观与当今时代难以想象的善良所征服。在游历期间，从北到南，从贝卡谷地到地中海沿岸，从巴勒贝克的古罗马遗迹到西顿的腓尼基古城，我没有遇到一个西方人，却遇见了很多绝对称得上是传奇的当地人，他们面对当今这个极其复杂的时代，生活在令人难以置信的情境之中，却依然进行大胆的冒险。我所目睹的这些事实都是值得赞颂的，具有高度人文价值的，我想，有朝一日我会在另外一部作品当中讲述……当然，这些只是解释我的选择，并非节目的重点所在。早些时候，在北京的一场鸡尾酒会上，我结识了黎巴嫩驻华大使米莉亚·贾布尔（Milia Jabbour）女士，一位非常温柔高贵的女性。由于我无畏的黎巴嫩之旅给她留下了积极的印象，我提出电视晚宴的建议时，她欣然允诺。北京驻黎巴嫩大使馆由大使的母亲亲自负责打理。这本身就是一个极为强大的象征，强有力地说明在这个可爱的国家，家庭观念和黎巴嫩美食都备受推崇，因此黎巴嫩大使馆一次次正式或者非正式的宴会总是能够为中国和外国的宾客带来最大的快乐。我们的节目成为另外一个充满温暖的电视时刻，也是庆祝中黎友谊的时刻，来宾们都热情谈论着自己的祖国和东道国。遗憾的是，由于黎巴嫩国家经济状况非常糟糕，大使阁下不得不减少了一些惯例的仪式环节，这既是为了节省的考虑，也是为了表现出团结一致共渡难关的立场。大使女士，向您致敬。

下面轮到葡萄牙大使馆了，担任大使的是卓越的杜傲杰（José Augusto Duarte）先生，他是一位资深外交官，制作节目时，他已经开始了在中国的第四年任期。这位高级外交官热爱历史，他的祖国面积虽小，历史却非常丰富，让他取之不尽。友好的中葡关系让杜傲杰非常自豪，他自己为此作出了巨大的贡献。葡萄牙被认为是中国和世界各地葡萄牙语国家之间的桥头堡，这个角色需要明显的活力。中国是许多非洲或南美洲前葡萄牙殖民地国家重要项目的投资者。这一期节目，我们选择了北京一座历史悠久的宫殿作为背景，以庆祝春节。如果我告诉你，在这顿饭前后的多次见面后，杜傲杰大使和他的妻子玛丽亚·若泽（Maria José）成了我的好朋友，你会感到惊讶吗？……我们和大使开心地承诺彼此，会借助任何其他机会再次见面，因为他最新的崇高而富有声望的职位正是葡萄牙驻法国大使，而官邸是 19 世纪的一座豪宅，被誉为巴黎最美丽的府邸之一。

电视节目的生命并不是一条平静流淌的长河，因此，为了其他需要我全力以赴的事情，这个节目停了下来。遗憾的是，我没能兑现自己之前所有的计划，让这一集美食、外交和友谊为一体的节目真正达到完美，比如未能去拜访突尼斯大使迪亚·哈立德（Dhia Khaled）阁下——他的夫人索尼娅（Sonia）是一位杰出的画家——还有法国、意大利、瑞士、比利时、加蓬的新大使，以及一直以来遇到的很多非常友好的人们。特别值得一提的是毛里求斯大使王纯万阁下，我们在 20 世纪 80 年代就认识了，当时我正在马斯克林群岛的广播电台和电视台做主持。他对那段往事记忆犹新，我经常与他和他的妻子见面，我们之间洋溢着温和的克里奥尔精神，这种精神让我们团结在一起。

说到这里，一段超现实的回忆跃入了我的脑海，那是我在毛里求斯

与葡萄牙驻华大使杜傲杰（时任）

（留尼汪的"姊妹岛"）的一次短暂逗留——用影视术语讲，一段小小的
"闪回"……由于我80年代在媒体和艺术方面的成功，毛里求斯大城市居
尔皮普市政府邀请我参加该岛独立周年庆典。下午一开始，我就来到了一
个巨大的广场，这里人头攒动，气氛热烈，我的两位朋友也从留尼汪赶来
了，他们同样是来庆祝这一盛事并欣赏精彩表演的。于是，我很自然地向
组织者询问演出的内容，听到的回答让我大吃一惊："奥利弗，演出主角
就是你！"我可爱的主办方认为，在烟花和盛大的群众舞会为这场盛会画
上句号之前，我的人气、我的侃侃而谈和我的表演天赋足以让观众们乐上
至少两个小时。我感到非常震惊，因为我并没有计划进行独角戏表演，只
是准备了一场较为多样化的节目，此外便是利用我的笑话和即兴表演与观
众互动，做做串场而已。可是，现在我却被要求一个人撑起足足两个小
时，没有准备，没有其他艺术家帮忙，甚至连互联网都没有，这根本就是
无法想象也无法接受的。可是，那些看见我的观众——我们正在舞台一角
聊天——开始呼喊我的名字！当我消化了自己的惊讶和措手不及之后，我
立即作出反应，接过了这场疯狂牛仔竞技表演的缰绳，我很有礼貌但又非
常坚定地发出呼吁，要在场的所有歌手、喜剧演员、舞蹈家和音乐家都站
出来，为观众提供一些真正的表演。然后，我拿起麦克风，用一些笑话和
滑稽动作为观众热身，并唱了一首我几周前录制的歌曲，直到我终于能够
迎来救场的当地艺术家——还好，他们只让我坚持了不到一个小时。我让
他们成了即兴的明星，和我一起将这个糟糕到无法忘记的安排变成一场开
心到无法忘记的演出！这就是岛屿的芳香，疯狂而又甜蜜……

38.中国的冬季运动

　　如果说中国有一个领域自本世纪初以来已经发生了根本性的变化，那无疑是冰雪运动。以前，这类活动是精英们的专属，他们要么去中国现有的几个名头不大的滑雪地，要么去国外释放滑雪的激情，比如日本、韩国、加拿大，更富裕的人也会去欧洲。有一些中国运动员曾在亚洲比赛中脱颖而出，摘得桂冠，但冬季运动还没有像今天这样地普及。那时候，这些登峰造极的运动员们当然会在电视上和颁奖仪式上受到祝贺，但他们并不知道自己将会成为所有冬季运动崛起的先驱。

　　如今冬季运动备受当今社会中产阶级，特别是城市青年追捧，但不仅如此……因为随着最实用、最快捷的交通工具的出现和不断改善，整个国家四通八达，任何地区的任何人，甚至是农村的农民，现在都可以来到无数的山区滑雪场，这些滑雪场在每一个适合冬季运动、冬季活动和家庭住宿的山峰上都已经兴起。商家对这类运动的投资成倍增加，争相以豪华设施和住宿条件吸引顾客，同时在每个度假村开设了双板滑雪和单板滑雪课程，课程顾问和指导经常是瑞士人、奥地利人、法国人或意大利人。中国人在娱乐活动中一贯崇尚便捷，不需要带着滑雪服或装备出现在滑雪场上，所有必需的、梦想中的装备，都可以在各种体育商店中找到，这些商店出租一切，绝对是应有尽有。比如，与欧洲的那些滑雪胜地相比，最令人惊叹的是，欧洲是应客户需求和技术进步，逐渐调整自己的设备、基础

雪球的攻击

设施和各种服务的，但是在中国，我们似乎一步就从一个世纪跨越到下一个世纪，直接涵盖了当今最好的一切，这一事实令人震惊。从初学者到训练有素的人，每一个热爱滑雪的人都能从中受益，并愿意坚持下去。

我还记得这一切是如何开始的……

在成功举办了 2008 年夏季奥运会之后，中国于 2015 年获得了 2022年冬季奥运会和残奥会的举办权，整个国家都因此沸腾，这也是第一次在同一个城市（北京）举办两种不同的奥运会。为了能够获得这一殊荣，滑雪、滑冰和其他冬季运动的发展早在几年前就开始推进。当全世界的滑雪相关活动在接待人次和收入方面出现下降趋势时，中国却在这一充满希望的领域预测到了前所未有的增长点。政府宣布了它的雄心壮志，即在2022 年冬奥会前让参与到冬季运动当中的中国人达到 3 亿人之多，无论他们是积极练习，还是视作休闲娱乐，抑或只是密切关注。立下了"军令状"后，便不断推进实施。

让我们回到过去：当时是 2007 年冬天，我正在中国北部与朝鲜交界的一处偏远山区拍摄。妻子赛芙琳和孩子们陪着我，两个法国和瑞士双国

北京冰球的希望

籍的孩子当然十分熟悉积雪的山顶，他们在厚厚的雪地上嬉戏，在为业余滑雪设置的斜坡上坐着临时雪橇滑行，玩得很开心，而我则为了逗乐中国电视观众，坐在卡车轮胎上滑下斜坡。赛芙琳去买了一副滑雪板，因为她迫不及待想要试试。首先，在她的坚持下，她被破例允许上到基础滑道的最顶端，而其他英勇的半吊子滑雪者都只能从大约一半的地方开始下滑，以免太陡的斜坡带来风险。不过，这个坡度对我太太来说实在不算什么，她使劲推着滑雪杖，给自己加速，做出一些回转动作，引来其他滑雪者啧啧称赞，崇拜不已。他们只能小心翼翼地做最简单的滑行动作，甚至除了坐倒外根本不知道如何停下来，令人忍俊不禁。不过，虽然他们动作滑稽，但是考虑到他们只是初学者，而且还没有教练指导，能到这个地步已经是勇气可嘉了。

我们在此逗留期间，一直有一位非常细心的当地政府工作人员陪同，其间还与地方领导举行了非正式会议，品尝了当地特色的晚餐，最后他建议我接受友好邀请，到不远的地方去共度两天……发出邀请的，是负责一个大型项目的高级官员，这个项目要将一座偏远的山峰改造成现代滑雪区，为他们希望有朝一日能在当地举办的冬奥会做准备。大家想听听我们的，尤其是我太太的意见，因为他们知道赛芙琳是前冠军，来自享有盛誉的瑞士国家滑雪队。很棒的提议，当然没有理由拒绝。于是，我们愉快地前往雄伟的长白山，这个地名的意思是"永恒的雪域"。

这是一座巨大的休眠火山，火山口中形成了一个巨大的湖泊，湖水清澈，三分之二在朝鲜境内，三分之一在中国境内。此时此刻，在我们所处的白茫茫的山坡上，没有城镇、车站，甚至连村庄也没有，只有无边无际的大自然围绕着我们。有人向我解释说，整个地区都受益于一个非常严格的环境保护计划，它已成为在联合国教科文组织注册的自然保护区。但是，如果要在那里建一个冬季运动村，甚至某天还会建一个奥运村，该怎么办？他们告诉我该项目将不允许汽车进入，只有机械铰接的索道和缆车可以通往运动村，后者的建设主要借助木材和环保材料，依靠太阳能发电。我喝着乳清，内心对这些雄心勃勃又爱护生态的决议感到很满意，随着岁月的流逝和地球环境的恶化，我也变得越来越注重环保。我温柔的另一半则凭借她作为专业选手的丰富经验，解释了如何根据不同斜坡的优点和缺陷因地制宜，以使它们都能成为高效的滑雪道，她用手臂比画着，指

史前岩画上的滑雪先驱

出了最专业级别的倾斜度，面向风和太阳的方向，总之提供了一个非常高端的分析，参与研讨的项目负责人对她的分析似乎非常满意和认可。然后是在山脚下的一家豪华旅馆里临时组织的另一次正式会议，几位很有魅力的当地官员希望我提供一些营销和战略建议，帮助将周围山区的各种矿泉水联合在一个统一的旗帜和商业实体之下，这是当地复兴战略的一个重要项目。我拿起放在我面前的那瓶水，认真地品尝，确认它口感纯净，品质考究。在仔细观察时，一个细节让我眼前一亮，我立刻指了出来，同时观察一片寂静中每个人的反应："这个商标是由字母和数字组成的，看起来更像一款汽车，而不是一款晶莹剔透的天然泉水。"然后我开始说服他们将长白山这个名字印在瓶子上，再加上洁白的、被雪覆盖的山的图像。这样，第一眼就会给人以清新和纯净的感觉，每个城市居民都会很乐意通过饮用这种纯天然的泉水来享受这种感觉，仿佛置身于洁白纯净的长白山。会议的最高组织者从他的座位上站起来，为我鼓掌，随后全体官员也都跟了上来，他们显然很高兴能够从一位专家纯粹出于友情提供的诚恳而又明智的建议中受益。我的分析没有任何的装腔作势，完全是简单直接而切中要害！在生活中总有一些美妙的时刻，那一刻我们感到自己有用、慷慨和富有成果，我们不必绞尽脑汁便得到如此多由衷的认可，这是一种相当简单的享受和满足。

不过，这些项目后来进展如何呢？不久前，我在北京喝了一瓶来自长白山的优质矿泉水，瓶子上有一个精美的标签，印有长白山的图案，并以自己的名字证明了原产地，因为这名字已被注册成了现在唯一受保护的同名品牌。至于对这些白雪覆盖的山坡的现代开发，也已经成为现实，许多使用特殊装备的速降爱好者现在经常光顾，这些地方已经成为中国最著名的滑雪区之一，完全可以说是第二个亚布力了。特别的是，人们还能在此入住一家著名的法国连锁度假俱乐部（但由于我还没有去过这个村子，所以我不能在这里谈论它），但是他们不知道，曾经有一对非常出色的（事实如此）法国—瑞士夫妇以自己的方式为把这个白色天堂建设成最佳滑雪

《奥利弗带你看冬奥》

场作出了贡献，我希望这个天堂能尽可能地避免混凝土和任何环境的退化。因此，我们承诺有一天我们四个人都会回到那里，一边喝着长白山的水，一边欣赏长白山晶莹剔透的全景。尽管在提升中国人民的生活水平的飞速发展过程中，进步是不可阻挡的，但这景色也值得珍惜和尊重。

现在来到更近一点的时间吧。2022年冬奥会举办权尘埃落定后，一股热潮席卷了酒店行业、体育领域和政府部门。国家必须为这一著名的世界性重大事件做好准备，所以一切都必须毫不拖延地落实到位，以确保即将到来的奥运会取得成功。也有必要通过宣传这些冬季运动和休闲活动，确保吸引全国各界人民参与其中。我以专业人士，有时也以一名业余运动员的身份，参加了不同项目的年轻运动员的训练，几年后，当奥运会的火焰在中国的天空下熊熊燃烧时，他们将大放异彩。我还去了许多不同的新雪场或冰场了解项目进展情况，所见所闻都让我鼓舞不已！在外国教练，或者在瑞士或法国接受过专业培训的中国教练指导下，未来选手的水平提升飞快，而这也意味着他们付出了巨大的努力，而且可能还忍受了极度的痛苦，但他们总是对参加奥运会有着令人难以置信的热情，因为这象征着国际体育生涯的巅峰——哪怕这些年轻的中国健儿许多还只是处于起步阶段。在公众面前超越自我是国家级的责任，在中国举办第一届冬季奥运会是绝对值得纪念的日子。

2022年2月，一切都按计划进行。中国赢得了相当数量的金牌，甚至超过了美国而排名第三。尽管期待已久的大型体育盛事由于新冠病毒的传播而缺乏观众，但每个人都能够在他们的大小屏幕前欣赏这些山顶上和冰面上的英雄们的精彩表现。奥运会的成功是不可否认的，我们将永远记住。至于我，却有点失望，因为没能和我优秀的朋友菲利普·坎德罗罗（Philippe Candeloro）相聚，他是法国著名的滑冰运动员，20世纪两次获得奥运奖牌，现在已经成为一名出色的体育评论员。尽管我们几个月来一直期待着在这个美丽的场合再次见到对方，但由于防疫方面的限制，他不得不待在他的"冬奥泡泡"中，而我不得不待在我对疫情严防死守的北京市区。似乎是为了让我们不至于因为重逢计划取消而伤心，不因到嘴的烤鸭飞走了而难过，我们最终幸运地得到机会，在与他合作的一家法国电台上一起做了一些优秀的直播节目——尽管我们彼此相距只有几公里。已经很好了，伙计!

今天，中国的滑雪场总计有 400 多台滑雪缆车。许多设施，无论是奥运设施，随之而来的最时尚的滑雪度假村（如北京附近的张家口、南山、崇礼或延庆等），还是上海附近著名的室内滑雪场或分散在全国各地的新冰场，都为数百万沉迷于冰雪运动的中国年轻人提供了机会，让他们在周末和节假日相聚于此。不过也会有很多人为了避开周末的人群，选择工作日来到这些地方，就像现在组织雪地旅行的学校一样，这是一个全新的现象，充分说明了这种新的休闲活动已经取得了巨大的成功。

游戏、家庭、朋友、健康、尽情消费的生活、友谊和分享快乐的价值观，这些就是中国人享受心态的最佳总结。我喜爱，我加入!

39. 我的电影角色

    2022 年发生了一件出乎我意料的奇事，简直可以作为科幻电影或者电视连续剧的素材。我之所以愿意在此与大家分享，是因为本书的出版拉近了你我之间的距离——当时我年轻的妻子因为身体原因，不得不接受一个大手术，来对抗和消灭某个看起来像是甲壳动物的、肮脏的小野兽……众所周知，有些化疗会导致脱发，她也不例外。因此，她决定快刀斩乱麻，在一缕缕的头发掉落并沾满我们的床和客厅之前，将所有的头发剃

年轻的电影节

我和制片人，一对骄傲的获奖者　　　　　　严肃的法官，一个戏份不少的角色

掉。我不想让她成为家里唯一光头的人，因此没有告诉她，就飞速去了一家小理发店，我的要求让理发师大吃一惊，因为他觉得我的头发本来很好。这种同甘共苦的姿态，在我看来理所当然，却被我的另一半认为是爱的最新证明，令她十分感动。也许这给了她更多的力量去战胜病魔，幸运的是，那一切现在只是一段糟糕的回忆了，因为她经受住了这场可怕的考验，取得了胜利——我们宁愿考验从来不曾到来过。一切终于结束了。干得好，赛芙琳，生命万岁！

　　我之前说的完全没有预料到的奇事，是我专业圈子里所有朋友和同事的反应，他们称赞我的新光头造型，因为和头发一起消失的，还有逐渐变得灰白的发色，于是我糟糕的衰老也就得到了掩盖，毕竟我的荧屏形象必须像我的头脑一样保持年轻。大家或许发现了，几乎所有的电视节目主持人看起来似乎都不会衰老，头发也不会像普通人那样被岁月漂白，这很奇怪，不是吗？……是的，当我告别了灰白色的头发，我的形象变得既诙谐

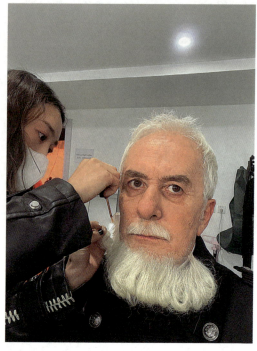

干着不法勾当的船长　　　　　　　　　　　长时间的化妆

又轻松了！故事其实开始于很早以前，有一次，为了在一场恶搞的演出中扮演罗马皇帝卡利古拉（Carigula），我将自己栗色微卷的头发染成闪闪发光的金色，再戴上月桂花冠，穿上白色长袍。效果好得惊人，晚上的演出非常成功，也非常疯狂，甚至有点危险——我发现自己在内心深处都开始认同这个角色了，甚至第二天还有点难以完全恢复现实理性，回归到日常生活当中。

重要的是，身边的人几乎都对我说："你这个样子非常棒！"于是我决定保留金黄的发色（当然并不会继续穿白色长袍）。之后，中国电视让我踏上了漫长的成功旅程，我的头发也就不再只是属于我自己了。于是乎，这些头发在电视上变成了金色、浅棕色、赤褐色，甚至是红色——一切全看发型师的想法，以及他们所使用的产品的效力了。我的头发似乎永远颜色鲜艳，永远不会随着岁月的脚步变成灰白，直到最近这次偶然变故让我剃掉了所有头发……

　　你应该知道，在中国，花白的头发是每个达到一定年龄的男人都讨厌的，他们几乎全都会把头发染得漆黑，以避免这种可怕的颜色。于是，我们也就不难理解为什么中国遍地都是发廊，而且似乎生意都还不错，以及为什么男性顾客也常常光顾。当然，这在一定程度上也是因为所有年轻人都喜欢留最时髦的发型，这没有什么好奇怪的。不过，最让我吃惊的是，我新长出来的头发是白色的，一种独特的、明亮的白色，似乎在传达着一个令人愉快的信息——我永远不会有灰色的头发了。为了不让别人误会我也是因为得了严重的疾病，头发受到了治疗的损坏，我决定留一撮山羊胡子，来证明我的毛发依然旺盛。然而，在所有人眼里，我因此突然变成了一个电影演员的样子，我的照片被送到了选角导演那里，而这些导演又立即显示出让我在电影或电视剧中担任合适角色的兴趣。那些都是怎样的角色呢?

久经风浪的老水手

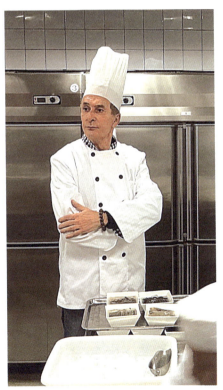

为美食家量身定制的角色

20世纪初的德国酿酒商

这犀利的眼神

例如，当我精心修剪的胡须使我看起来像一个习惯了惊涛骇浪的水手时，我可以饰演一个手脚可疑的船长，带着见不得光的货物。然后，我又作为老水手进入了另外一个广告，后者应该是通过重现泰坦尼克号的沉没，来宣传推广 DIY 工具——如果有了这些工具，浪漫英雄杰克和露丝就可以用漂浮在冰山间的木板制作救生筏了。我一旦把胡子剃光，就可以扮演一位严肃的加州法官，对任何他狡猾的头脑和好奇的目光认为足以唤起"黄祸"忧虑的东西都抱着明显的敌意。我还曾经在一部历史大片中扮演一位美国将军，活跃在朝鲜战争签署停战协议前后。当然，我也演过和蔼可亲的教师，与那些反派角色形成鲜明对比。不过必须承认的是，还是扮演反派更加令我开心（希望你不是那种会被称为"反派"的人……）。我最近一个角色是法国物理学家保罗·朗之万（Paul Langevin），他是爱因斯坦（Albert Einstein）的好友，同样的殿堂级别的大科学家。让朗之万在一部中国电影中重生当然是个令我颇感乐趣的任务，但是实话实说，这位科学家的胡须造型总会让我有点滑稽的感觉。此时，我写下这篇文章的时候，还有一些角色正在酝酿当中……总之，我并不是为了改变容貌而改变容貌的，这个决定是为了表达对我的妻子、我的女神赛芙琳无限的爱，不想这

扮演伟大的法国科学家朗之万

却带来了一次职业转变，让我真正回到了作为一个演员应该的位置上，这让我深感幸福，同时不能不感叹许多预言到这一点的朋友的英明。生活充满了曲折，正因如此，它在任何情况下都不会无聊。顺便说一句，正如一些制片人所要求的，如果某些角色需要，我仍然必须临时性染发！

我也很喜欢为许多外国电视剧或电影做法语配音工作，这是一项非常有用的练习，可以让我在行业中取得更多的进步。与此同时，哪怕遭遇不可控事件带来的危险，我也会采取必不可少的积极态度，比如新冠疫情健康危机迫使我们都不得不居家工作，我就利用这段时间写了一部通俗喜剧——这本来就是我一直想做的事情，只是之前因为缺乏时间，已经拖延了太久。

这简直就是幸福的源泉。我首先是创作，然后将剧本和台词发给自己选定的演员，让他们一页一页地了解自己的角色，他们再将台词修改意见反馈给我，大家一起为最终的演出做着准备。为了更好地控制自己的"孩子"在舞台上的诞生，我必须扮演一个剧中的主要角色，虽然身兼数职（编剧、演员、导演、制片人、推广人）并不是很舒服的事情，但是总好过在未来某一天后悔因为自己没有全情投入而导致结果不尽人意。这部通俗喜剧的主题既尖锐又具有普世性，我的朋友奥利弗·勒琼（Olivier Lejeune）是这方面的专家，他计划一旦剧作在巴黎首演成功，就让它和其他"林荫道戏剧"一样，在法国、瑞士和比利时巡回演出，然后再面向整个法语世界推广。我们是否能够如愿，就看未来几个月的进展了。至于中国方面，我除了希望能够尽快让剧作进入中国大城市的剧院外，已经迫不及待开始着手将其改编成电影了，尽管我依然不敢确定这梦想是否能够成真，但是激情不可抗拒。就这样，一步步来吧……各位亲爱的支持者，让我们一起祈祷吧，愿舞台之神与我同在，点亮聚光灯！

40. 外国人在中国

　　如果非要用一个词来总结北京的生活，那就是"轻松"。不过，和其他国家一样，中国的外籍人士也有好几种差异明显的类别。有些是跨国夫妇，为了家庭团聚而来的；有些是想要来碰碰运气，来这里从事独立职业或被当地企业雇佣的；还有一些则是被法国公司或其他外国公司派遣到中国工作，或是被调到政府驻华机构工作一段时间（期限往往是预先确定好的）。总之，有些人是自己选择了中国，而有些人则是由于雇主的要求才来到中国的。

　　正因为如此，我有时会遇到一些非常挑剔的人，大多是丈夫整天忙于工作的全职主妇。对这些挑剔的人而言，万事皆可抱怨——不合口味的食物或者那些跟"我们国家"不一样的习俗，所有一般意义上的差异，比如物价（虽然中国很多东西价格更实惠）、气候（虽然整体而言中国的气候很不错）之类，总之，对于所有不习惯的地方，他们都会牢骚满腹。我向来讨厌这种一刀切的片面态度，它有时不免会让当地人觉得外国人都是些野蛮人或种族歧视者，无论他们是去到哪个国家或来自哪个国家。不过万幸的是，并非所有人都这样——不！恰好相反，绝大多数外国人还是非常乐于获得这种异国生活经历的，他们将这视为一个开拓眼界和丰富自我的全新机会。他们以完全开放的眼光去看待差异、新事物及各种不同寻常的经历。我很愿意和这些人常来常往，并乐在其中。他们拒绝在我们的社会

广受推崇的中华美德

生活中搞任何形式的种族隔离，我们的生活已经深深地融入了中国当地，尤其是在北京；北京这座城市由于其重要的外交地位拥有极高的国际化程度，来自世界各地的人们混杂于此，在这里生活，我们能够享受这座城市所提供的各种难以置信的好处和机会。当一个外国人融入了中国当地生活后，就会经常被邀请参加各种各样的社会活动，朋友间聚餐的次数也多了起来——这些聚餐常常并非先期计划的，相反，大家通常是临时起意，然后在欢乐的氛围中一起大步前往聚餐地点。

感谢人工智能，我们能以相当实在的价格获得保洁服务或者管家服务，即使父母一辈也能轻松使用这些工具，真是太棒了！在北京生活，一切都显而易见地简单和方便，尽管城市非常巨大，但是并不会造成什么麻烦，各种反应总是那么及时，生活质量的每一方面都得到了足够的保障，空气中常常漂浮着无忧无虑的气息，如同一条平静的小溪中流动的活水。不过，唯有生活在其中，你才能理解并相信这些，否则你完全可能会认为前面的这些话都不过是自吹自擂或胡言乱语，但是，这一切不过是每个人都能切身感受到的实实在在的现实。一直都有一种陈词滥调，说外国人在北京生活到足够久，就可以享受这样或者那样的条件，但是那与我们的真实生活相去甚远。这些年来，我已经听到太多人告诉我，他们因个人或工作原因不得不离开中国后，总会带着某种思乡情结无比怀念这里的日子。哦，这里当然不是人间天堂，因为在我看来，北京的人实在太多了，超出了可容纳的限度，而这自古以来就早已被证明是不可以的，不过这里的市民社会似乎比其他地方运作得更好，这倒是不假。

我们在中国观察到了各种各样的神奇之处，首当其冲的便是其高度安全感，由于这种安全感没有给人造成任何压力，太过自然，人们甚至会忽略了其存在。当然，到处都安装了摄像头，以贯彻各种生活规则并进行监督，不过总体而言，这也是一种十分高效的安全服务，总好过在每个街角都安排警察站岗，让拉响警笛的警车四处巡逻，那才是真正不必要的烦扰。无论是白天还是黑夜，即使是在小巷最深处，你都可以四处走动，无

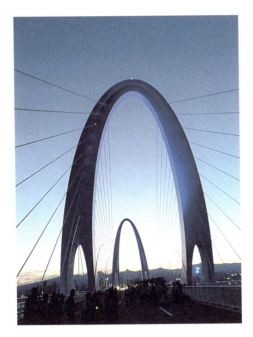

北京西部的宏伟桥梁

长城绵延在崇山峻岭间

需担心会遭受任何的攻击、骚扰、抢劫或纠缠。这里与世界上某些首都乃至中等城市相比可谓天上地下，在那些地方，相对平和的时光已经逝去，不可谓不悲哀。我说这些，绝不是因为我反对任何的变化，或者是格外怀旧，毕竟北京也不是那些地方曾经的样子，而且也永远不会变成那样子……不过毕竟眼见为实。如果我们以相互友好的眼光看待彼此，我们就可以在其他地方做得更好，不过必须是出自真心实意。在这里遇到问题的话，不一定要报警，居委会可以帮你解决，他们还可以充当矛盾的第一调解人，消除冲突升级的可能性。

一些人读到这里，可能会怀疑我是悄然开始了宣传，觉得我是个某种权力追随者，那些躲在烟雾中操纵话题的人的同谋，但是我只能说，会这样认为的人并不了解我，不知道我内心深处的文化认同和我一以贯之的自由主义态度。所有生活在这里的人都不会指控我有任何宣传的意图。确实，说真话有时会引起争议……打个比方，不管在巴黎或罗马、伦敦或纽约、南特或尼斯，又或者是其他地方，哪怕你知道自己 16 岁的女儿会准时打车回家，你就会同意她在周末或者朋友生日的晚上一个人出去，和大家吃饭娱乐吗？如果你担心她的安全，如果你不想晚上睡不着觉，你肯定会对她说不，对此我完全理解，但是这也确实太令人遗憾了。在中国，尤其是北京，所有父母都知道孩子这样做不会有任何风险。我知道这听起来简直叫人难以置信，但这就是纯粹的事实。

在这里，青少年更加聪明，更加独立，父母能够和子女达成最好的交易，让孩子用高中的优异成绩来换得在其他地方更多的自由。我在本书中只谈到了我自己，一个对一双子女唯恐照料不周的父亲的经历，我的所见所闻就是最好的证据！你肯定会想，这怎么可能呢？这涉及几个互补因素。首先，外籍人士的孩子们深知他们的特权地位需要一定的克制，哪怕任何青春年华在肆意绽放时都必然会伴随着一点温和的疯狂与自然的随意。因此一切都在于平衡。其次，这里的安全氛围不是僵化的，没有任何压迫感，可以让人们在尽享生活乐趣的同时无须恐惧。只要不打扰别人，

美食的外观升华

北京市内难得的田园风情

文化的交流与分享从童年开始

不影响社会安宁，你可以做任何想做的事。对于滴滴出行这类的网约车，
你也不必过虑，大可完全放心。事实就是，在需要的时候，没有人能够逃
脱摄像头的监控，所以犯罪的人会立即被识别出来，受到非常严厉的惩
罚，诸如此类……总之，孩子出事的可能性微乎其微，都不如白天过马路
的风险大，因为你可能遇到骑着电动车的快递小哥或者外卖骑士，他们必
须遵守堪称疯狂的时间表，有时很容易就会忘记基本的道路交通规则。除
此之外，我们很喜欢借用随处可见的共享自行车，通过智能手机上非常简
单的应用程序就可以租到，用完后停到哪里都可以。由于北京地形特别平

坦，就算没有自行车冠军发达的小腿肌肉或登山运动员强大的心肺功能，你也能吹着口哨轻松地沿着自行车专用道——北京从大到小的每一条道路都辟出了专供骑行的地带。

尽管听起来可能有些难以置信，但是事实上这座城市也散发着公民自由的芬芳气息，甚至让我这个前法国瑞士双国籍的城市居民都感到大为惊异，这无疑是由于北京人的性格使然，只要不是出于公民凝聚力或内部安全原因被正式禁止的事情，他们在其他方面都是随心所欲。比如，穿着打扮非常随意，哪怕你穿着拖鞋或者更奇特的衣着走进街角的小店，也不会成为大家视线的焦点。所有人对此都毫不在乎，这真的很棒。我承认我自己也曾经尝试过，不会因为自己的外表而被品头论足，这种感觉真的很好；而且这样也真的很方便，不必为了下楼买个面包而打扮得像个超模一样。

在欧洲，账单总是让人头疼的事情，尤其是度假回来后，你经常看到信箱里堆满了等待支付的账单，不得不拿着一个有时不太清晰的地址前往邮局汇款或者邮寄支票付款。在这方面，瑞士堪称是重灾区，人们几乎被淹没在不断的"支付、支付、支付"当中，以至于大家开始抱怨这里是片"只认钱的土地"。好在，我已经离开了那里，烦心事已经成为过去。在这里，一切都只需点击手机屏幕，或者通过银行自动支付即可完成。告别了所有这些琐事的烦扰，人们的生活变得更加轻松，以至于人们会产生一种印象——这里需要支付的钱比其他地方数额更小，支付频率更低，不太受到政府和税款如影随形的跟踪。这样的印象很可能并非事实，但是作为瑞士的前纳税人，习惯了为缴纳各种税金、罚款和其他费用而头疼的我，相比之下确实是这样感觉的……

在中国的外籍人士当中，社交网络也非常发达，比如同乡会性质的俱乐部或各种家庭聚会，社区间文化交流活动或为新来者提供建议的欢迎会，美食、体育或艺术爱好者的各种网络，既有专门组织的活动，也有临时起意的聚会，既有大规模的集会，也有几个好朋友的小聚……归根结

随时随地的卡拉 OK

底，一切都是为了让大家能够享受美好时光，经常和朋友们在一起，这才是最重要的!

许多外国人在中国生活期间都想学习中文，这有助于顺利融入当地，而且在日常生活中也十分有用。这门语言本身并不十分复杂，主要的困难在于学会完美运用四种基本声调。如果声调变了，词语的意思就会大不相同，跟你对话的人只能直接告诉你听不懂，因为往往怎么努力猜测都无济于事。这是汉语与其他许多语言的重大区别，也是其主要的复杂之处，并且这一规则还是雷打不动的。不过，虽然绝大多数青少年，甚至一部分成年人似乎都能很快捕捉到所有汉语发音的微妙之处，但显而易见的是，一旦初学者的年纪过了五十，想要取得进步就必须频繁上课了，因此许多人放弃了。然后，我们也就只能满足于能够在买卖时进行简单的沟通，觉得就已经很不错了。不过，我看到一些年轻的非洲大学生用完美的中文进行表达时，还是会觉得非常有趣，他们的面孔和说出的语言之间的差异会让人先是感到惊讶，然后忍不住想笑，而最后将感到难以抗拒的吸引力。

我记得自己到中国的头几年，我在西方总是会被人问起，为何我在一个面对中国观众的节目当中说法语而不是英语，我总是回答说，会有配音的，而且还有字幕，关键是大家能清楚地听到我自己的声音，我并不希望自己的另一个角色是英语老师，而希望做一个自己心爱的法语的自豪的推广人。捍卫法语是一种荣誉，一种使命，一种每人每天在任何地方都应该做出的抵抗姿态。法语太需要支持了，我经常听到她的哀鸣——在那么多场合都遭到忽视，遭到排斥，甚至遭到背叛……北京是一个外交高度活跃的城市，各大使馆的招待会贯穿全年，不但推动了卓有成效的沟通，同时也将我最钟情的各种不同美味呈现于大家面前。不过，如果只能给一家颁授金奖，那么毫无疑问应该是奥地利大使馆，他们从不放过任何机会，以高度的慷慨和热情庆祝任何一件可以庆贺的事情，其他人完全可以借鉴他们的做法，让爱国主义和美食之火在远离祖国的人们心中更加炽烈、更加频繁地闪耀……这是一个关乎精神状态和活力的问题，或者更简单地说，这是一个关乎外籍人士合理需求的问题。

中国与其他国家的最显著区别之一就在于，在这里，从最琐碎到最贵重的商品，全都可以远程购买和销售。食品和日常用品能够很快就被送到家里，而且所有东西——绝对意义上的所有东西，都可以在这些专门的在线销售网站上找到。只需要对着某个物件或衣服拍照，然后输入搜索库，就可以找到比实体商店便宜得多的产品。如果你不在家，快递可以在任何指定时间将包裹放在你的门口。

二十年来，北京发生了很大的变化。这一切都始于 2008 年北京奥运会，北京获得主办权时正值城市爆炸性扩张的当口，工地无所不在，建筑物如雨后春笋般拔地而起。据我所知，当时全世界 70% 正在使用的大型起重机都在中国。这很容易证实，只要抬起头就能看到空中到处挥舞着长长的机械臂，构成了一片片金属森林。北京成为奥运会举办城市，意味着它必须为数百万游客的到来做好准备，建造与奥运会这一全球盛会相匹配的各种体育场馆和基础设施，展现北京这个大型都市、中国这个繁荣国家的最佳形象，并使一切既符合规范的严格要求，又满足民众们的期待。

这个过程并非毫无代价，因为市中心的一些老城区不得不为了配合这种进步而接受改造，不过幸运的是仍然有一些地方保持着原貌，对于那些热爱传统生活方式的人而言真乃幸事。不少外国人就属于这类人，所以他们选择住在著名的胡同里，这些错综复杂的狭窄小道景色幽美，其间一栋栋古老的砖房有些已经彻底翻修，以提升内部的舒适度。这些有着数百年历史的房屋也是重要的历史遗产，中国人依然非常依恋它们，旅游者也热爱和拥抱它们，内心充满宁静。房顶经常会有个小露台，可以在此尽情享受美丽的季节，尤其是春季和秋季。除了 7、8 月份，北京在其他时候空气非常干燥，降雨量也很少，人们可以在这里畅饮开胃酒……不过，多数西方人还是更喜欢住在城市里那些很现代化的区域，那里永远充满活力。

这里的城市工程建设的速度之快常常让我感到不可思议。比如仅仅一夜之间，为了更换管道，整条街道都被刨开了，而另一条街已经准备好铺设新管道，最后还有一条街则在准备重新铺柏油。有时，如果某条街道并非主要的交通道路，工程速度甚至会更快。在日落时分，交通不再繁忙之时，一群工人来到这里施工，怀着使命必达的决心，在第二天黎明到来时暂时恢复道路确保通车，然后可能在第二天晚上再返回此地完成任务。这种情况对于欧洲那些依赖车辆出行的市民们而言一定是无法想象的……

当前，一定程度上也由于三年的新冠疫情，中国经济增长速度放缓，让专家和不少年轻人都感到担心。然而，我们必须保持希望，因为这是一个能够让"可能"一词的含义得到最淋漓尽致体现的国度。许多外国企业家都在这里实现了自己的梦想，值得好好讲讲的至少也有108人（向北京最受欢迎的法国小酒馆致敬），但是大多数人的事迹我就不在此赘述了，毕竟那样就需要整整一本书的篇幅了。不过无论如何，不提起劳伦·法尔肯（Laurent Falcon）的名字都是不合适和不尊重的。这位世界级的明星美发师已经来到了亚洲，为了成就自我，打造一个真正超凡脱俗的、伟大的美发品牌，他甘愿冒任何风险。事实上，那些曾经在中国成功举办巡回演出的国际音乐巨星背后，几乎都站着他的身影。这个总是一派轻松欢乐的法国人是一个真正的冠军，就像其他站立在世界之巅的人们一样，他是一个狂热的冒险家，每天都在证明我们完全可以将异国情调的冒险与最严苛的质量原则合二为一。因此，他著名的"巴黎劳伦"美发店已经成为中国首都的必去打卡地，让北京的精英和富人们趋之若鹜。为了这位不老男孩给我带来的那些美丽邂逅，我在此向他深情致敬，这是他当之无愧的——正如我前面曾经说过的那样，我是所有伟大天才的最忠实的粉丝。

还有一位年轻的瑞士—德国女士，也值得我们奉上所有赞美。她于2010年怀着坚定的决心来到这里，想成为一位所有原产地葡萄酒分销和销售的女王——也许这样说还是低估了她的理想。于是，克劳迪娅·马苏格（Claudia Massuger）小姐开始进口葡萄酒，随后开设了一家名为"齐饮"（英文"Cheers"，"干杯"之意）的商店，虽然这家店提供的葡萄酒种类相当有限，但都颇有代表性，然后她开了2家店，然后10家，接着逐步

克劳迪娅·马苏格，"齐饮"

我们和"巴黎劳伦"创始人劳伦·法尔肯

孵化出 50 家店，分布在中国所有主要城市，尤其是在北京。不过，直至现在，中国社会也还不怎么时兴去体会品味一瓶好葡萄酒的乐趣，虽然这种酒在中国有着很长的历史，但并没有真正流行起来，因此必须首先让大众对这一来自其他地方的生活艺术感兴趣。为此，她决定在所有店面频繁组织品酒教学会，为那些喜欢新奇事物和西式作风的 30 多岁的年轻人提供内容丰富的葡萄酒酿造知识第一课。当然这并不是通过组织一堆纵酒狂欢的聚会来让新一代年轻人腐化堕落，而是引导消费者学会为一顿美味佳肴搭配一瓶合适的葡萄酒，这一切的前提仍是那句众所周知的格言——饮酒要适度。克劳迪娅大获成功，她的慷慨气度和令人无法抵挡的魅力让她的店面网络不断扩张，在中国遍地开花，市场也更加开放，人们的饮食习惯发生了变化。在这位行业先锋身后，很快涌现了许多竞争对手，从世界各个原产地进口葡萄酒的商家数量激增，葡萄酒的销量每天都在增加，此外也有不少中国企业家寻找葡萄种植专家（通常是法国人）在中国建设和

北京之夜

开发新的、通常体量巨大的葡萄园，以便向市场提供更多"中国制造"的葡萄酒。现在，无论在大超市还是便利店，也无论在餐厅还是在私宅，葡萄酒已经随处可见。如今，"齐饮"已成为行业毋庸置疑的成功典范，克劳迪娅也收获了一片赞誉，成为当之无愧的女王。这位了不起的女士仿佛命中注定一般成为我的朋友，让我引以为荣，她也是促使我决定定居中国的一个关键因素，从我第一次了解了她的亚洲冒险开始，她就一直深深激励着我，完美地代表了一个冒险家群体——他们勇敢地相信自己，跟随内心的召唤而不瞻前顾后，去往了能够真正展现自己才华的地方，在"中央帝国"灿烂的阳光下大步前行。让我们举起杯，我会用法语说一句"santé"（祝健康，"干杯"的法国版），当然我也不反对你说英语——Cheers！

41. 电视，中国和我

　　不谦虚地说，我对中国各地的地理、民族、文化、美食、气候、地质和社会学方面的差异都算得上颇有心得，而各地的独特风姿造就了整个国家难以置信的神奇与美妙，让人流连忘返。我有幸去到了许多地方，追随重大历史和现实事件的轨迹，追溯文化的源头，聆听故事和传说，体会着一份份精彩。

　　——过去的 18 年间，我走遍中国各地，为中央电视台、中国国际电视台（2018 年 3 月后同属中央广播电视总台）、五洲传播中心、中国传媒大学、法国国际电视五台、法国 Gulli 频道及其他主要国际媒体制作了无数反响强烈的电视节目，这一过程同时也正是我发现中国的奇妙旅程。感谢我的职业，让我获得这份游走中国的幸运。

　　——我拜访了许多非常独特的地区，也感受了许多不同寻常的环境，在这些地方邂逅了千姿百态的人群。我心底里从未有过排斥与偏见，因为我这个旅行者的精神根基便在于自由和开放。我最感兴趣的永远是拥有各种不同社会背景、不同年龄和不同行业的人们的真实生活。

　　——从偏远的乡村到大都市的中心，我有幸能够推开每一扇门，更好地了解和理解每个人的生活，其中有大人物也有小人物，还有拥有万花筒般性格与经历的传奇人物。

　　我将自己的浪漫冒险和奇妙际遇汇集起来，便有了这本充满逸闻趣事、难忘回忆和深刻感想的书。精美的图片可以形象地展示我的故事，而补充的历史和文化信息则证明了我深刻挖掘这个国家的热情。我以高度自由、积极和超脱的语气来讲述一切，希望每一页都充满幽默与宽容的精神，就像在我的生活当中一样。

（注：本书所有图片由作者提供。作者已事先获得图片所涉人物肖像权合法授权。）